Les Éditions du Boréal
4447, rue Saint-Denis
Montréal (Québec) H2J 2L2
www.editionsboreal.qc.ca

La littérature
est inutile

DU MÊME AUTEUR

ESSAIS

Présence de la critique. Critique et littérature contemporaines au Canada français, anthologie, HMH, 1966.

Le Temps des poètes. Description critique de la poésie actuelle au Canada français, HMH, 1969.

Une littérature qui se fait. Essais critiques sur la littérature canadienne-française, HMH, 1962 ; BQ, 1994.

Les Bonnes Rencontres. Chroniques littéraires, Hurtubise HMH, 1971.

Anthologie de la littérature québécoise (en collaboration), La Presse, 1978-1979.

La Littérature et le Reste. Livre de lettres (avec André Brochu), Quinze, 1980.

La Prose de Rimbaud, Primeur, 1983 ; Boréal, 1989.

Littérature et Circonstances, L'Hexagone, 1989.

Le Roman à l'imparfait. La Révolution tranquille du roman québécois, nouv. éd., L'Hexagone, 1989.

L'Amateur de musique, Boréal, coll. « Papiers collés », 1991.

Montréal imaginaire. Ville et littérature (en codirection avec Pierre Nepveu), Fides, 1992.

Rimbaud (avec Jean Larose et Dominique Noguez), Hurtubise HMH, 1993.

De la littérature avant toute chose (entretiens avec Pierre Popovic), Montréal, Liber, 1996.

Écrire à Montréal, Boréal, coll. « Papiers collés », 1997.

Le Lecteur de poèmes, Boréal, coll. « Papiers collés », 2000.

L'Expérience de Dieu avec Paul Claudel, anthologie, Fides, 2001.

Les Livres et les Jours, Boréal, coll. « Papiers collés », 2002.

François Mauriac. Le chrétien, le romancier, le journaliste, anthologie, Fides, 2006.

Petite Anthologie péremptoire de la littérature québécoise, Fides, 2006.

FICTION

Le Poids de Dieu, roman, Flammarion, 1962.

Retour à Coolbrook, roman, Flammarion, 1965.

Un voyage, récit, HMH, 1973.

La Vie réelle, nouvelles, Boréal, 1989.

Une mission difficile, roman, Boréal, 1997.

La Mort de Maurice Duplessis et autres récits, nouvelles, Boréal, 1999.

Le Manuscrit Phaneuf, roman, Boréal, 2005.

Gilles Marcotte

La littérature est inutile

Exercices de lecture

Boréal

COLLECTION PAPIERS COLLÉS

Les Éditions du Boréal reconnaissent l'aide financière du gouvernement du Canada
par l'entremise du Programme d'aide au développement de l'industrie
de l'édition (PADIÉ) pour leurs activités d'édition et remercient
le Conseil des Arts du Canada pour son soutien financier.

Les Éditions du Boréal sont inscrites au Programme d'aide aux entreprises du livre
et de l'édition spécialisée de la SODEC et bénéficient du Programme
de crédit d'impôt pour l'édition de livres du gouvernement du Québec.

Couverture : Richard-Max Tremblay, *Point-virgule,* huile sur bois.

Diffusion au Canada : Dimedia
Diffusion et distribution en Europe : Volumen

*Catalogage avant publication de Bibliothèque et Archives nationales du Québec
et Bibliothèque et Archives Canada*

Marcotte, Gilles, 1925-

    La littérature est inutile : exercices de lecture

    (Collection Papiers collés)
    Comprend des réf. bibliogr.

    ISBN 978-2-7646-0680-3

    1. Littérature québécoise – Histoire et critique. 2. Littérature et société. I. Titre. II. Collection : Collection Papiers collés.

PS8131.Q8M37   2009   C840.9'9714   C2009-941135-0

PS9131.Q8M37   2009

En guise de préface

Il y a une idée à la fois très simple et très dangereuse — les idées simples sont souvent dangereuses — qui est propagée depuis quelques années ou quelques siècles par les discours sur l'art. Elle veut que la littérature, le théâtre, la peinture et la sculpture, pour ne citer que ceux-là, aient pour mission de transformer le monde, de le purger des maux qui l'accablent, enfin de l'entraîner vers un avenir meilleur.

Je lisais par exemple il y a quelque temps, dans le texte officiel de la Journée mondiale du théâtre, cette superbe définition en quatre infinitifs du rôle de l'art dramatique : « Accuser. Dénoncer. Provoquer. Déranger. » Le théâtre aurait donc pour devoir et pour effet de sortir les spectateurs de leur somnolence et de leur bonne conscience, comme le recommandaient autrefois les prédicateurs de retraites paroissiales ? L'art au service de la morale, en somme. La morale n'est plus tout à fait ce qu'elle était à l'époque où l'on a inventé cette formule célèbre, mais peu importe : l'important, c'est que l'art *nous fasse la leçon*.

Mon deuxième exemple, je le trouve encore dans un programme de théâtre. Je ne vais pas souvent au théâtre, mais quand j'y vais je travaille fort et j'écoute de toutes mes oreilles. Dans ce programme, rédigé par une intellectuelle de très bonne classe, je lis que l'auteur « poursuit (dans son œuvre et non pas à ses moments perdus) une réflexion sur le rôle de la femme dans la société contemporaine ». Voilà qui est louable, on ne peut plus. Que serait un dramaturge s'il n'était avant tout un penseur, s'il ne transportait sur la scène les problèmes les plus aigus de son époque ? Non seulement le théâtre doit nous moraliser, mais il a également pour fonction de nous instruire, de nous faire penser, de nous engager dans un processus de réflexion. Si les spectateurs n'ont pas le front soucieux, en sortant de la salle, c'est qu'ils ne sont pas entrés vraiment dans la pièce qui leur était présentée. Ils devraient se sentir coupables.

Mon troisième exemple est tiré d'un domaine très différent du théâtre, celui de la sculpture. Chaque œuvre de Michel Goulet, écrit-on, a pour fonction de nous amener à « réfléchir (encore !) sur notre raison d'être et sur les motifs qui nous incitent à façonner incessamment un correspondant aux multiples images que nous avons de nous ». La phrase est un peu compliquée — les critiques d'art ont parfois la main lourde —, mais on réussit tout de même à comprendre que, pour l'auteur de cette prose critique, la philosophie et la sculpture ont beaucoup en commun. Qui sommes-nous ? D'où venons-nous ? Où allons-nous ? demandait un auteur beaucoup lu au temps de mes études classiques. Nous faisions des gorges chaudes de ce sujet. Nous avions tort. Nous ne pouvions pas prévoir, innocents que nous étions, que les questions de l'abbé Moreux se retrouveraient un jour dans les chaises de Michel Goulet.

Je ne cite que des exemples locaux, mais on aurait tort de croire que le rôle attribué à l'art de nous moraliser, de nous instruire, de nous induire en tentation philosophique, est une spécialité québécoise. Des échos de ces propos se font entendre partout : c'est une invention moderne, et peut-être même postmoderne. Nous voulons qu'elle serve, cette culture si lourdement subventionnée (mais pas encore assez, d'après ce que j'entends), si difficile à tenir à flot. Elle doit avoir des retombées (quel beau mot !) économiques, intellectuelles, nationales, sociales, spirituelles. Elle doit nous en donner pour notre argent, pour nos efforts.

On aura peut-être soupçonné que mon idée à moi, sur cette question, est un peu différente. Je la résumerai en citant la réponse du poète américain Wallace Stevens — il avait l'excuse, pour ainsi dire, d'être vice-président d'une compagnie d'assurances — à une question portant sur les obligations du poète à l'égard de sa société.

« *He has none.* »

Cette petite phrase, il faut la répéter sur tous les tons, aujourd'hui plus que jamais : la littérature, le théâtre, la peinture, la sculpture sont inutiles. Ils ne servent à rien. Mais oui, on pourra trouver des grains de sagesse dans les romans de Robertson Davies ; découvrir les axes essentiels de la modernisation de la société québécoise dans le *Bonheur d'occasion* de Gabrielle Roy ; réchauffer sa foi nationaliste en relisant les poèmes de Gaston Miron ; trouver des informations fort intéressantes sur Haïti dans les romans d'Émile Ollivier. Mais si on ne lit que cela dans un roman ou un recueil de poèmes, on ne l'aura pas vraiment lu, parce que leur plus profonde raison d'être ne réside pas dans ces profits, ils n'offrent rien qui ressemble à une solution, à une conclusion. Le cheminement que propose le roman est celui qui va de « Rien n'est simple » à « Tout se complique » (vous aurez reconnu, je l'espère, les titres des magnifiques albums de Sempé). Northrop Frye disait que, parmi les retombées de la littérature, la plus importante, après l'exploration de la langue, était la tolérance. Encore faut-il entendre cette belle vertu de façon plus radicale qu'on ne le fait habituellement. L'œuvre authentiquement littéraire est celle qui rend le jugement impossible. Si vous extrayez du roman de Flaubert un jugement moral, si généreux soit-il, c'est que vous n'avez pas lu un roman de Flaubert mais une *histoire de cas*. Ce n'est pas tout à fait la même chose.

Non, la littérature n'est pas utile. Elle est, plus modestement et plus orgueilleusement, nécessaire. Elle nous apprend à lire dans le monde ce que, précisément, les discours dominants écartent avec toute l'énergie dont ils sont capables : la complexité, l'infinie complexité de l'aventure humaine.

*   *   *

Je reprends, j'insiste. Oui, la littérature parle du monde, fait parler le monde. Romancière, elle raconte des personnages, des sociétés, des aventures; poétique, elle évoque les univers publics et intimes de la réalité qui nous fait vivants; essayistique, elle intervient réellement dans le champ de la pensée. J'ai passé trop d'années dans le journalisme, la radio, la télévision pour faire fi de l'utilisation du langage à des fins de communication. Mais pourquoi est-ce que je m'éloigne ou ne me satisfais pas de cette forme de lecture? Je sais que souvent les textes littéraires me fournissent en clair des renseignements utiles, indispensables peut-être sur la société dans laquelle je vis et celles qui l'ont précédée, mais je sais aussi que ces textes me donnent quelque chose de plus, qui est intimement lié à la vie du langage, à la littérature. Je n'entreprendrai pas d'en faire la démonstration. Je citerai seulement deux textes qui, me semble-t-il, disent mieux que je ne le saurais faire ce que *fait* la littérature. Le premier est du grand critique torontois Northrop Frye — je ne me lasse pas de le citer —, dans *Pouvoirs de l'imagination* :

> Notre réaction émotionnelle au monde ambiant oscille [...] du « j'aime ceci » au « je n'aime pas cela ». Le « j'aime ceci » correspond [...] à un phénomène d'identification; le sentiment que tout ce qui nous entoure fait partie de nous; tandis que le « je n'aime pas cela » est en somme l'état normal et habituel de conscience, ou si vous voulez, de distance où préludent l'art et la science. L'Art, notamment, apparaît dès que le « je n'aime pas cela » se mue en « ce n'est pas ainsi que j'imaginerais la chose ».

Je trouve l'autre texte dans la belle préface que Suzanne Jacob a écrite récemment pour le petit livre posthume de Thierry Hentsch, *La Mer, la limite*. « La question du *définitif* envahit aussitôt la page au point de la submerger : peut-on vraiment écrire *définitivement*? Ou est-ce justement contre ce que l'écrit a de définitif que l'écrivain s'acharne comme

Thierry Hentsch s'est acharné contre les lectures définitives que le temps avait imposées à certaines œuvres ? » Je ne commenterai pas ces deux textes. Ils disent avec assez de clarté, me semble-t-il, ce qu'on peut, ce qu'on doit attendre de la littérature.

* * *

Les œuvres dont il sera question dans ce livre font partie de la littérature québécoise. Il ne s'agit ici ni d'une « deffense et illustration », selon la formule célèbre de du Bellay, ni d'un essai de caractère historique, où les œuvres seraient mises en relation avec le développement d'une nation, d'une société. Mon propos est différent, même si la réunion d'œuvres parues dans le même espace géographique ne peut que suggérer des perspectives historiques, des relations entre texte et société. J'ai voulu plutôt que les œuvres, les écrivains que je présente ici le soient pour eux-mêmes, en eux-mêmes, sans être conscrits par une sorte de développement collectif. Le hasard des commandes m'y invitait d'ailleurs : à quelques exceptions près, les études ici réunies sont le fruit de sollicitations, et c'est récemment que l'idée m'est venue de les réunir. Ce n'est donc pas une thèse qu'on lira, bien que les petites idées que j'entretiens sur la littérature s'y frayent forcément un chemin. Je n'ai pu me retenir, aussi bien, pour aérer un peu l'ensemble, de constituer des ensembles flous, suscités par des rencontres de diverses sortes, amicales si l'on veut, et de m'évader parfois dans quelques images de la vie littéraire. Je tiens à souligner enfin que si plusieurs écrivains majeurs de la littérature québécoise sont absents de ce livre, cela tient aux hasards des parutions et non pas à quelque déficit d'admiration. Les personnes qui ont lu mes livres précédents le sauront.

Août 2009

I

En arrière, avec Réjean Ducharme

Quoi qu'il arrive dans un roman de Réjean Ducharme, que les personnages vivent des aventures hautes en couleur ou pataugent dans le quotidien le plus banal, la fin est assurée, toujours la même : c'est le désastre. Tout se passe comme si rien n'avait eu lieu, comme si ces phrases, ces paragraphes, ces chapitres n'avaient pour but que de démontrer ce qu'on savait depuis toujours, c'est-à-dire que ça va mal et que ça ne peut qu'empirer. « Il n'y a pas de quoi fouetter un rat mort, quoi. Tout est bien qui ne finit pas, va. » *(Dévadé)* « Une heure, et ils seront tous morts, hommes, femmes et enfants. » *(La Fille de Christophe Colomb)* « Nous y sommes. Soyons-y ! » *(L'Océantume)* « Mais tu l'as dit, ça n'a pas d'avenir, il ne faut pas investir là-dedans. » *(Va savoir)* « Puis demain, 21 juin 1971, l'hiver va commencer, une dernière fois, une fois pour toutes, l'hiver de force (comme la camisole)… » *(L'Hiver de force)* C'est normal, dites-vous : les romans, surtout les romans français, ont ainsi l'habitude de se complaire dans le négatif, de finir mal. Mais Julien Sorel, avant d'être exécuté à la fin du *Rouge et le Noir,* a fait du chemin, il a peu à peu découvert le vrai Julien Sorel qui se dissimulait sous les masques de l'ambition, il a *progressé.* Les personnages de Réjean Ducharme, au contraire, mettent toute leur énergie à régresser, à démontrer qu'il n'y a pas d'issue, que l'action, l'agitation ne servent qu'à confirmer, aggraver une infirmité existentielle dont tous les signes étaient donnés au début du roman. Chez lui, il n'est pas question de *s'en sortir,* l'impasse est totale. C'est le C.Q.F.D., non seulement de chaque roman mais aussi de l'ensemble de l'œuvre, où il semble que se confirme toujours plus profondément, plus durement le refus de toute avancée.

Optimistes de toutes observances, donc, s'abstenir.

* * *

Dans *Le nez qui voque,* Réjean Ducharme, par la voix de Mille Milles qui est un de ses porte-parole les plus autorisés, a proclamé la nécessité générale d'une telle régression : « Restons en arrière, avec Crémazie, avec Marie-Victorin, avec Marie de l'Incarnation, avec Félix Leclerc, avec Jacques Cartier, avec Iberville et ses frères héroïques. Restons en arrière. Restons où nous sommes. N'avançons pas d'un seul pas. » Loi de l'histoire, loi du roman.

Arrêtons-nous à cette liste de noms prestigieux. Elle en compte trois qui sortent tout droit de l'histoire du Canada : Jacques Cartier le fondateur, Iberville le combattant, le victorieux, Marie de l'Incarnation la mystique. Si les deux premiers personnages sont bien connus, on n'en peut dire autant de la troisième, qui n'apparaît que brièvement dans les manuels d'histoire, où elle ne fait évidemment pas concurrence aux Saints Martyrs Canadiens, plus flamboyants si l'on ose dire : religieuse, et surtout mystique, elle est, des trois, la plus « en arrière ». Crémazie fait partie de la même histoire, celle des commencements : poète médiocre, de l'avis général, il survit à titre de « père de la poésie canadienne ». Marie-Victorin et Félix Leclerc appartiennent à une histoire plus récente, mais l'un et l'autre connotent également l'ancien, le passé, pour ne pas dire le révolu : le premier parce qu'il est l'auteur d'un ouvrage trop savant pour être souvent consulté, *La Flore laurentienne,* le deuxième à cause de son attachement aux vieilles choses, aux images quasi folkloriques. Ce n'est pas dire que ces figures historiques n'aient aucun rôle à jouer dans le présent : *La Flore laurentienne* sera lue avec enthousiasme, comme une Bible, par Nicole et André Ferron, dans *L'Hiver de force,* et Mille Milles voue sans doute à Marie de l'Incarnation une admiration semblable à celle dont il accable Isabelle Rimbaud, la sœur du poète, autre figure de la pureté. Dans les proclamations de Réjean Ducharme, l'ambiguïté, l'ambivalence ne sont jamais absentes.

Les deux grandes références littéraires québécoises de Ducharme, cependant, ne font pas partie de cette liste. C'est que Nelligan et Saint-Denys Garneau — ce dernier jamais cité mais reproduit, pastiché, assimilé — sont moins « en arrière » qu'« à côté ». En tant que vrais poètes, ils n'appartiennent pas à l'histoire, au temps. Ils ne précèdent pas, ils accompagnent. Ils suggèrent non pas l'arrière, le passé, mais l'écart. On dira que les autres, ceux de la liste, même les personnages assez récents que sont Marie-Victorin et Félix Leclerc, refusent également d'entrer dans le moderne, dans l'écriture du mouvement, de l'avancée, du progrès. Mais non, ce n'est pas tout à fait ça. L'écriture de Réjean Ducharme, c'est l'évidence même, est bien livrée à l'éclatement moderne, mais au sein même de ces fureurs elle inscrit la contradiction d'un passéisme têtu, irréductible, intolérant. Il ne s'agit donc pas de recourir à quelque image nostalgique de l'originel, du primitif, à la romantique, pour conjurer les malheurs de l'actuel, mais d'inscrire dans l'écriture même une négation qui la nourrit *en même temps* qu'elle la conteste.

Les premiers romans de Réjean Ducharme, *L'Avalée des avalés, Le nez qui voque, L'Océantume*, sont par excellence des romans de la Révolution tranquille. Mais ils ne la reproduisent pas ; ils lui répondent. Au « Désormais » de Paul Sauvé (successeur de Maurice Duplessis, rappelons-le, et le premier à rompre, de l'intérieur, avec le conservatisme affiché du *cheuf*), Ducharme oppose un éloge inconditionnel du passé apparemment le plus vétuste. À l'« âge de la parole », de la crue langagière, il répond par le « bérénicien », langage d'initiés. Au rêve de communauté, toujours en passe, en désir de devenir un rêve d'unité, il substitue celui de la communication la plus intime, la plus personnelle : « J'ai besoin des hommes. Je rédige cette chronique pour les hommes comme ils écrivent des lettres à leur fiancée. Je leur écris parce que je ne peux pas leur parler […] » Réjean Ducharme lit-il avec la piété qui s'impose Octave Crémazie, Marie de l'Incarnation, Félix Leclerc ? On peut en douter. Ce sont là, pour lui, des noms, de purs noms qu'il tire du patrimoine pour mettre des bâtons dans les roues du progrès, de la révolution, des espoirs insensés que porte, *volens nolens,* son propre texte.

*   *   *

Cette contradiction est exacerbée par un autre nom propre — non pas de personne cette fois, mais de ville, qui apparaît dans un roman postérieur, *Les Enfantômes* : Rivardville. Il vient, on le sait peut-être, d'un roman extrêmement poussiéreux d'Antoine Gérin-Lajoie, *Jean Rivard, économiste,* suite de *Jean Rivard, le défricheur.* On y lit ces lignes inspirées :

> Pendant ce temps-là, le canton de Bristol, et en particulier l'endroit où s'était établi Jean Rivard, faisait des progrès remarquables. […]
> De même qu'on voit l'enfant naître, croître et se développer jusqu'à ce qu'il soit devenu homme, de même Jean Rivard vit au sein de la forêt vierge les habitations sortir de terre, s'étendre de tous côtés, et former peu à peu cette populeuse et florissante paroisse qui fut bientôt connue sous le nom de Rivardville.

Réjean Ducharme ne s'explique pas sur le choix de ces noms — ceux de Rivardville et du canton de Bristol, il les pose comme des évidences toponymiques que leur caractère fictif n'empêche pas de cohabiter avec Montréal, Farnham, Granby. Ils font partie du même contrat de véridiction, et de lui-même le roman ne nous donne aucune raison de ne pas les lire de la même façon que les autres. Il faut avoir lu Gérin-Lajoie pour soupçonner qu'il y a là quelque chose de pas catholique, que le romancier tend un piège à son lecteur, à tout le moins lui fait un signe, l'entraîne dans une complexité intertextuelle, culturelle d'autant plus déconcertante qu'elle reste cachée au plus grand nombre. Peut-on imaginer, entre Rivardville et les actions qui s'y déroulent, quelque correspondance significative ? En bref : Vincent Falardeau, marié à une Ontarienne appelée Alberta Turnstiff (que diable l'Alberta vient-elle faire dans cette histoire ?), se découvre de plus en plus mal marié, et le lecteur comprend assez vite qu'il n'aime qu'une seule femme, sa sœur Fériée. On peut sans doute parler d'inceste, d'une passion incestueuse outrageusement régressive, accentuée par des accès de langage — d'orthographe infantiles : « reste assise krankile », « l'oh à la bouche », « la boce de la chace », « tous les deux tusseuls ensembles » (sic et resic), qui refont à mesure le tissu familial déchiré par les circonstances, les travaux du monde. On se souvient du « bérénicien » de *L'Avalée des avalés,* langage également réservé aux initiés, mais la déformation du langage, dans *Les Enfantômes,* porte beaucoup plus nettement les marques de la régression, et ne se laisse pas lire sans malaise. Réjean Ducharme pratique dans ce roman la marche arrière comme il ne l'a jamais fait auparavant et nous entraîne avec lui, médusés, un peu écœurés. Il recule à toute vapeur, sans égard pour la sensibilité du lecteur. Il fait de nous, par osmose, de véritables *arriérés.* Ne serait-ce pas ce que signifie Rivardville, la référence au roman ultra canadien-français de Jean Rivard ? Le passé intégral — « je me souviens », ne cesse de dire le narrateur, répétant sans cesse la devise du Québec —, la famille, la tribu *tricotée serré ?* Alberta Turnstiff, l'Ontarienne, la Canadienne anglaise, ne peut évidemment que se sentir malheureuse dans un tel climat, s'en aller. Les nés natifs, Vincent et Fériée, frère et sœur, vont donc à la fin rester *tusseuls ensembes,* libérés de tout ce qui n'est pas la passion qu'ils éprouvent l'un pour l'autre.

Comment éviterons-nous de faire des *Enfantômes* une lecture politique, si nous observons au surplus que le roman paraît en 1976, durant la montée de l'indépendantisme ? Un bref épisode nous y invite :

Au déjeuner, le lendemain, le problème canadien-français, qui était encore sauvage, c'est-à-dire réservé aux cogitations des happy few, prit la vedette. Madeleine l'avait soulevé par dépit. Pour me provoquer. Pour avoir quelque chose à me faire. Elle savait que j'étais d'accord avec ma sœur sur la question — contre tout sentimentalisme nationaliste en même temps que pour le gros bon sens de l'indépendance du Québec — et qu'il lui était facile de me faire enrager là-dessus avec ses supposées opinions, exactement contraires.

L'opinion de Vincent Falardeau sur ce qu'on appelle la question nationale est, à moins d'une erreur grave, la seule affirmation modérée, raisonnable, qui soit dans toute l'œuvre de Ducharme. Mais elle est battue en brèche, et ne peut que l'être, par tout ce qui l'entoure dans le roman, par cela même qui fait vivre le roman, le thème régressif de « nous deux tus- seuls ensembes » qui est posé dès la première page et ne fait, durant tout le récit, que dérouler ses conséquences jusqu'à la question niaise de la fin : « Comment ça va, ma tite Feuille ? » Par son côté démodé, poussiéreux, révolu, le Rivardville de Gérin-Lajoie devient, ne peut que devenir, chez Ducharme, le nom d'un minuscule domaine intime où un frère et une sœur, Vincent et Fériée (composant ensemble le nom d'un seul homme, saint Vincent Ferrier), savourent les satisfactions per- verses d'une enfance vécue à rebours du monde.

*   *   *

Quand Vincent Falardeau — ou Réjean Ducharme peut- être — fait appel au « gros bon sens », le cœur n'y est pas tout à fait. Son affaire à lui, sa plus profonde affaire, c'est le non- sens, la déglingue voulue, poursuivie, la régression. On a sou- vent parlé, à propos de Ducharme, d'une nostalgie de la pureté enfantine, de l'originel, voire du sein maternel : Bérénice, Mille Milles, Chateaugué et les autres seraient des adolescents incapables d'accéder à la maturité, ou encore de jeunes adultes qui n'arrivent pas à se délivrer des fantasmes de l'enfance. On ne va pas loin, dans l'œuvre, avec cette psychologie de premier cycle. Quand le personnage de Ducharme régresse, il le fait en toute lucidité, les yeux grands ouverts sur le néant, sur un impossible qu'il ne peut nommer, et qu'il oppose de toute la force de l'écriture aux invitations de la vie commune. L'œuvre de Ducharme est une œuvre de résistance forcenée, une « guerre apache » selon l'expression de Le Clézio. « Mon idée, clame le narrateur de *La Fille de Christophe Colomb*, c'est d'aller loin dans la niaiserie. » Niaiserie ne doit pas s'entendre ici au sens d'insignifiance, de mauvais goût ; niaiserie, c'est aussi, dans le vocabulaire québécois, *niaiser,* piéger : « Elle veut me piéger à mon propre jeu, me niaiser jusqu'à ce qu'elle m'ait bien coincé. » *(Va savoir)*

Les enjeux de cette guerre, la raison de ce piégeage, ne sont pas évidents, ne peuvent pas l'être, ne veulent pas l'être. L'œuvre de Réjean Ducharme n'est pas de celles qui donnent des leçons. Elle semble opter pour Rivardville contre le reste du monde, pour Fériée contre Alberta, pour le passé contre le présent. Mais Rivardville, Fériée, le passé ne sont pas des recours, des habitations possibles, mais des gouffres où se mêlent, dans la plus redoutable ambiguïté, la grâce et la défaite. L'écriture de Réjean Ducharme est bien ce « désastre » dont parle Maurice Blanchot, la perte ou le refus de l'astre, de l'orientation ferme, de la connaissance attachée à son objet. Elle est prête à tout pour échapper au destin idéologique qui attend tout discours, elle se livre aux instincts les moins recommandables, elle fait le jeu d'une régression générale, sans crans d'arrêt. Pour lire vraiment Réjean Ducharme, il faut éprouver l'extrême violence, l'extrême souffrance de cet en-arrière qui est tout le contraire d'un confort de mémoire et d'appartenance : un naufrage — mais paradoxalement actif, prodigieusement vivant — dans la boue des origines.

1997

2

L'enfant trouvé

(Sylvain Garneau)

Qu'est-ce que la poésie québécoise en 1951, année de parution des *Objets trouvés* de Sylvain Garneau ?

On se souvient peu des *Amitiés errantes* de Gabriel Charpentier, pourtant publiées à Paris ; des *Premiers Secrets* légèrement polissons d'Éloi de Grandmont ; des deux recueils parus cette année-là de François Hertel, *Jeux de mer et de soleil* et *Mes naufrages,* bien qu'on ait lu dans ce dernier une longue, rageuse complainte autobiographique qui ne manquait pas de force ; du premier recueil du poète-penseur qu'est Pierre Trottier, *Le Combat contre Tristan.* J'oublie quelques joyeusetés d'époque comme *Il est minuit dépassé... Jésus, Vous me comprendrez* d'Annette Décarie ou les *Élans d'amour* — que j'ai lus ! — du poète saguenéen Georges Larouche. Je n'oublie pas le grand nom de cette année poétique, Roland Giguère, qui donne deux titres, *Midi perdu* et *Yeux fixes ou l'Ébullition de l'intérieur.* Une des seules maisons d'édition poétique qui comptent, en poésie, s'appelle assez curieusement Les Éditions de Malte, fondée par un journaliste français qui passera plusieurs années au Québec, André Roche, et c'est là que paraissent les *Objets trouvés* de Sylvain Garneau. Ils recevront de la critique — y compris de l'auteur de ces lignes — un accueil qu'on a dit justement plutôt réservé, malgré l'attribution d'un « Prix de la province ». Celle de Québec, bien entendu.

C'est que deux grandes ombres, peut-être trois, planent depuis quelques années sur la poésie québécoise : Saint-Denys Garneau, dont les *Poésies complètes* ont paru deux ans auparavant, Alain Grandbois, qui n'a rien publié depuis quelques années mais dont se réclameront bientôt les fondateurs de l'Hexagone (1953), et Rina Lasnier, qui a fait en 1950 une entrée remarquée — et remarquable — dans la modernité poétique avec *Escales*. Ce sont là des poètes très différents l'un de l'autre, mais dont les intentions convergent dans une rupture assez évidente avec les procédés et l'esprit habituels du Canada français. Et puis, n'est-ce pas, on peut penser au manifeste *Refus global* (1948), qui n'est peut-être en littérature qu'une bombe à retardement — elle n'éclatera vraiment qu'au début des années soixante — mais qui a déjà semé dans l'air des microbes dont la nouvelle génération poétique sera contaminée. En somme, si l'on accepte de laisser dans l'ombre quelques impondérables dont aucune définition un peu claire ne peut tenir compte, l'image de la poésie québécoise, en 1951, est celle d'une écriture *sous tension,* d'une écriture de salut, qui s'inscrit dans une histoire à la fois collective et individuelle, comme le dira en 1953 le deuxième prospectus des Éditions de l'Hexagone, où l'on parle de « foi », de « besoin vital », de « la volonté de *faire quelque chose* ».

Il est assez évident que, dans une telle atmosphère, la poésie des *Objets trouvés* trouve difficilement sa place. Elle retourne au vers régulier, avec lequel presque tous ses prédécesseurs avaient rompu, non seulement par la forme mais aussi par l'imagerie qu'elle impose. On y rencontre toute une faune passée de mode, une « Comtesse folle », des « rois fainéants », des « moines espiègles », une « sorcière », de « vieilles couventines », des paysages intensément bucoliques où s'érigent parfois des châteaux grandeur nature. La poésie d'*Objets trouvés* est, au contraire de celle qui commence à dominer l'époque, une poésie d'évasion, au sens fort du mot : elle n'est pas sitôt arrivée qu'elle s'en va, son arrivée est déjà une fuite. Parfois, dans cette collection de fantaisies romantiques, un vers nous arrête, infiniment grave dans son absolue simplicité : « Mon cœur vert et sévère et plus nu qu'un dégoût ». Mais, disait, si je ne me trompe, Valéry, un vers n'est pas un poème. On pense, on ne peut pas éviter de penser à Nelligan, un Nelligan à peine modernisé. Ils étaient, tous deux, beaux comme de jeunes dieux, ils traitaient de thèmes semblables, jouaient des mots avec une adresse exceptionnelle, et tous deux ils ont sombré dans « l'abîme du rêve », Garneau par le suicide, à vingt-trois ans, Nelligan par l'internement chez les fous. Mais si le deuxième a pu être l'objet d'une mythification qui dure encore, le premier s'est vu refuser une telle consécration.

Est-ce, tout simplement, parce que l'époque ne le voulait pas ?

* * *

Or voici qu'étonnamment s'opère, dans *Objets trouvés*, la rencontre entre le jeune poète et celui de ses aînés dont se réclameront bientôt ceux qui incarneront au Québec l'idée nouvelle de la poésie. Je parle, bien entendu, de la préface d'Alain Grandbois, la seule qu'il ait écrite pour l'œuvre d'un jeune poète. Cette préface étonnante, écrite pour un jeune homme dont les choix esthétiques n'ont rien de commun avec les siens, donne à Grandbois l'occasion de réaffirmer une idée de la poésie qu'il n'a jamais exprimée ailleurs avec une telle netteté. En fait, il a peu écrit sur la poésie — et presque rien sur sa propre poésie. Quand il en a parlé, c'était pour dire, d'un seul souffle, qu'elle porte les espoirs désespérés d'un homme et qu'elle l'enfonce dans une solitude irrémédiable. Il va sans dire que les hommages de circonstance ne lui venaient pas facilement.

Alain Grandbois se trouve donc devant le premier recueil d'un jeune poète aussi différent de lui qu'on peut l'imaginer : « nous sommes, écrit-il, aux antipodes, je crois, de l'observance de cet art ». Et pourtant, il faut bien qu'ils se rencontrent quelque part : c'est qu'ils servent tous deux, chacun à sa façon, cette « très vieille et très grande dame qui, depuis quelques millénaires, ouvre ses portes à la meilleure conscience, ou à la plus merveilleuse inconscience de l'homme, cette dame qui s'appelle Poésie » (avec la majuscule, s'il vous plaît). Grand-bois ne nomme pas encore Sylvain Garneau, dans ce premier paragraphe, mais on peut imaginer qu'il parle du jeune poète en même temps que de lui-même. Et voici qu'il emploie, pour définir le service de la Poésie, un mot d'époque, qui sonne étrangement dans cette préface : « la Poésie n'engage que ceux qui veulent s'engager. » Le poète des *Îles de la nuit*, parlant d'engagement ? Mais il détourne le mot du sens sartrien, voire de celui qu'il a, beaucoup plus vague, dans les conversations montréalaises du début des années cinquante. S'engager à l'égard de la poésie, dit-il, c'est l'aimer « pour elle-même », voire n'aimer qu'elle-même. On le voit : Grandbois est ici plus près de Vigny — ou du Rimbaud d'*Une saison en enfer* — que de Sartre et des poètes français de la Résistance, et il n'a vrai-semblablement employé le verbe « engager » que pour mar-quer cette distance. Le poète, pour lui, n'est pas antisocial comme le malfaiteur qui, lui, « bénéficie en quelque sorte du régime social qui est le nôtre ». Le malfaiteur, le criminel est *reconnu* par la loi. Le poète, lui, est le véritable *hors-la-loi*, on « ne le trouve pas digne du jugement, ni de la prison ». Sa soli-tude est totale.

Sylvain Garneau fait-il partie de ces hors-la-loi de la poé-sie ? Oui, mais d'une façon paradoxale. Il semble être, aux yeux de Grandbois, le poète *naturel* : « ses poèmes ont la fraîcheur du mimosa, l'odeur des érables au printemps, [...] il chante le soleil, les arbres, la rivière, les lacs, les crépus-cules » —, racheté ou consacré par sa résistance à certaines caricatures de l'engagement qui apparaissent dans la poésie canadienne-française de l'époque. Il faut parler ici moins d'un refus que d'une souveraine indifférence, ou d'une innocence. Garneau pratique, dit Grandbois, « tout le grand tremblement classique », et la question du vers libre ne se pose pas pour le jeune poète, pas plus que celle de l'engagement : « je suis enchanté de l'audace de ce jeune poète de vingt ans, lequel, à l'encontre de ses camarades, se dirige tout de suite vers des formes éprouvées au lieu d'imiter Éluard, Aragon, Supervielle, et plus modestement Alain Grandbois. » À quels « camarades » canadiens-français Grandbois pense-t-il ici ? Il serait imprudent d'inscrire quelque nom que ce soit, de ces « jeunes gens » qui lui « adressent leurs vers, qui ne sont pas de la poésie, mais de vagues tronçons d'une prose maladroite, coupée en petits étages de trois ou quatre mots », et qui « prennent l'apparence pour la réalité ». D'autre part, il ne s'agit pas non plus d'approuver sans nuances la dissidence distraite de Sylvain Garneau. Alain Grandbois appartient lui-même, on oserait dire passionnément, au vers libre, et s'il accepte que le jeune auteur des *Objets trouvés* pratique « le grand tremblement classique », c'est comme une préface, une préparation, un exercice moins valable en lui-même qu'en vue d'autre chose. « Le vers libre, dit-il, est extrêmement difficile, il lui faut une substance, il n'est appuyé par rien. » Qu'entendre par le mot « substance » ? Je ne puis m'empêcher de citer ici Saint-Denys Garneau, qui parle dans un de ses derniers poèmes « De substance ferme à quoi s'agripper », mais le mot ne saurait avoir le même sens chez Grandbois et le poète des *Solitudes*. Pourrait-on voir dans cette « substance » un équivalent de ce que Saint-Denys Garneau appellera, dans son *Journal*, la « réalité absolue » ? Il est sans doute préférable de s'en tenir à ceci, que la métrique traditionnelle peut constituer un soutien, et dans le pire des cas un alibi, alors que le vers libre exigerait une parole plus vraie, forcée de trouver son propre rythme.

« Je suis convaincu que Sylvain Garneau y viendra un jour, poursuit Grandbois, si toutefois il persiste à écrire des poèmes… » Il n'y est pas venu dans son deuxième recueil, *Les Trouble-Fête*, et il n'est pas interdit de penser qu'il aurait perdu dans le vers libre ce qui faisait l'essentiel de sa poésie, c'est-à-dire ce charme discret, ce charme de jeunesse qui a amené des musiciens à mettre en chansons plusieurs de ses textes.

Quant à nous, lecteurs d'aujourd'hui, c'est avec cette poésie-là que nous sommes appelés à nous expliquer.

* * *

Je n'éviterai pas de revenir sur les réticences que j'avais éprouvées à ma première lecture des poèmes de Sylvain Garneau, et qui ont manifesté leur persistance à une lecture récente. Je ne pouvais, contemporain de l'Hexagone, m'empêcher de considérer comme dépassées ces anciennes manières. Mais j'ai un peu lu, depuis ce temps. Robert Marteau, par exemple, un des quelques poètes français de ce temps qui méritent l'attention, et qui a écrit beaucoup de ses poèmes dans le « grand tremblement classique », pour reprendre l'expression de Grandbois, à peine modifié. Par exemple :

> C'est l'été bleu et vert, et doux comme les bêtes,
> À l'aube, quand déjà les chardonnerets chantent
> Dans les arbres du verger, face à la montagne.
> On voit contre l'horizon les bêtes…

Plus près de nous, paraissait en 2004 un très beau livre de poèmes de Robert Melançon intitulé *Le Paradis des apparences,* fait de cent quarante-quatre poèmes de quatre tercets chacun — voici encore du « tremblement classique » ! —, où le poète chante les plus humbles choses, ou plutôt les choses les plus ordinaires de la nature et de la ville. Exemple, encore :

> L'espace enfin s'anime de feuilles
> Qui courent sur l'armature des branches.
> Trop longtemps, cette année, le froid
>
> A maintenu en dormance…

Marteau et Melançon parlent, comme Garneau, de la nature, mais chez eux quelques vers suffisent à faire sentir que cette nature est non moins travaillée que vue, qu'elle est le motif d'une aventure irréductible à la communion sentimentale. Et le rapport, aussi bien, entre thématique et forme n'a chez eux rien à voir avec la « fougue » et l'« ardeur » que loue Grandbois chez Sylvain Garneau. L'armature du sonnet, dans la poésie de Robert Marteau, a tout d'une provocation délibérée à l'égard des mœurs poétiques de son temps ; et, chez Melançon, la forme régulière ou quasi régulière se dessine comme une fenêtre qui non seulement fait voir le réel, la nature, mais la découpe de façon discrétionnaire : « Je trace un rectangle de douze lignes ; / C'est une fenêtre par laquelle je regarde / Tout ce qui apparaît… » Nous sommes, ici, aux antipodes du romantisme : la nature est ce que voit le regard, et le regard dit, ne cesse de dire qu'il ne voit pas tout, que sa portée est essentiellement limitée. Rien de moins naturel, de moins *abandonné* qu'une telle poésie.

Celle de Sylvain Garneau ne l'est pas plus, malgré les apparences. Elle se soumet sans problème, comme l'a bien dit Grandbois, aux conventions d'une poésie qui ne craint pas l'anachronie. À qui pense-t-on quand on la lit ? À Nelligan, d'abord, à cause de sa proximité géographique, et bien que les ambitions extrêmes du poète du *Vaisseau d'or* soient étrangères à celles de l'auteur d'*Objets trouvés*. À Nerval peut-être, ou encore à Verlaine ; au premier plutôt, moins rusé. Rimbaud ? Mais celui de l'adolescence uniquement, auquel on ne peut éviter de penser en lisant tels vers exceptionnellement cruels des *Trouble-fête* : « *Fillettes aux chemises blanches / Sur vous j'ai déversé mon fiel* »… Ici, au Québec, bien qu'il ait donné des poèmes dans diverses publications avant de publier son premier recueil, Sylvain Garneau semble ne faire partie d'aucun milieu littéraire identifiable, et les seuls noms d'artistes qu'on trouve sous sa plume sont ceux de compositeurs de chansons, Raymond Lévesque, qui est de ses amis, et Félix Leclerc. « *Si ma chanson est nostalgique,* écrit-il en conclusion du premier poème des *Trouble-fête, / C'est que je l'ai écrite seul.* »

Aussi bien, relisant aujourd'hui les poèmes de Sylvain Garneau, ce n'est pas le jeu des vers qui m'y retient d'abord, les habiletés d'un jeune écrivain qui fait tout pour n'être pas

moderne, mais telles phrases qui me renvoient comme malgré elles à la thématique dominante de l'époque, celle de la
solitude. Parmi les fleurs de rhétorique et les exercices de versification apparaissent tout à coup des vers qui expriment
le sentiment d'un dénuement radical face aux exigences de la
vie : « *Mais ce soir, j'ai peur, Françoise, j'ai faim…* » Je supprime les lignes qui suivent, et qui nous ramènent à l'anecdote. Je reste avec ce vers seul, et j'en cueille de semblable, dans
Objets trouvés :

> Vous m'avez éveillé. Parents, voici ma ville.
> C'était un grand désert.

> Les rois que tu verras n'auront pas de royaume.
> Et les fleurs des sentiers se faneront bientôt.

> Je suis parti puis revenu
> Comme en rêve.

> Mon cœur vert et sévère et plus nu qu'un dégoût.

> Ce dont j'ai peur c'est qu'un jour vienne
> Où le désir m'empoigne au cœur
> De laisser fuir jours et semaines
> En écoutant pousser les fleurs.

La ronde se poursuit dans *Les Trouble-Fête,* tantôt accen-
tuant l'âpreté, tantôt recourant — et c'est plus grave encore —
à l'atténuation, à la litote :

> Cette forme au milieu… c'est moi… l'épouvantail.

> Je ne suis ni triste ni gai.
> Je ne suis qu'un peu fatigué.

> On trouve un lac trop grand, trop bleu, et l'on s'y noie.

Je m'en vais pour toujours au pays des poissons
Chercher parmi les joncs des pépites de lune.

Je vais dans un pays sans neige et sans enfants,
Plus loin que la montagne, au bout des cimetières.
Les carreaux sont brisés. Je n'aime pas le vent…

N'aime pas les enfants… les fous au cœur de pierre…

Malgré ce qu'on a dit plus haut du caractère étranger de la poésie de Sylvain Garneau par rapport à celle qui domine la scène au début des années cinquante, sa thématique — lorsqu'on la cite de cette façon — ne paraît pas très éloignée de celle de son quasi-homonyme, Saint-Denys Garneau. On pense aussitôt aux suites de « Jeux » et d'« Enfants » qui ouvrent les *Regards et Jeux dans l'espace*. Mais les poèmes de Saint-Denys Garneau débouchent très vite sur l'abandon, la perte éprouvée comme un déni, chargé de conscience tragique. Au contraire, la poésie de Sylvain Garneau, dont les églogues contiennent comme un ver la pensée constante de la mort, est aussi éloignée que possible de toute forme de tragique. Elle ne porte la marque d'aucune division intérieure, d'aucun combat. Tout se passe comme si, dans cette poésie, la solitude était un élément essentiel du paysage, et qu'elle en approfondissait le charme douloureux.

*   *   *

Dans son grand ouvrage intitulé *Roman des origines et origines du roman*, Marthe Robert a développé, à l'intention de la littérature, les deux schémas du « roman familial » proposés par Freud : celui du Bâtard et celui de l'Enfant trouvé. Dans les deux, l'enfant se trouve menacé dans son être même par la découverte que ses parents ont d'autres affections — notamment l'un pour l'autre — que celle qu'ils lui portent. Le Bâtard entreprend de combattre cette différence, et à cette fin se débarrasse du père, selon le récit œdipien, et s'approprie la mère. Il est celui, dit Marthe Robert, qui « "arrive" par les femmes » ; on a reconnu le romancier. L'Enfant trouvé, par contre, refuse le combat et déclare que ses parents ne sont pas ses *vrais parents,* qu'il procède d'une lignée princière royale qui finira par le reconnaître — et l'on a reconnu l'auteur de contes.

Il n'est pas illégitime, me semble-t-il, de retrouver ces deux récits possibles dans la poésie, en n'en retenant que les éléments du combat et de l'évasion imaginaire. Sylvain Garneau devient ainsi, face aux intentions de la poésie de son temps, celui qui joue le jeu de l'Enfant trouvé, celui qui, rebuté par la réalité ambiante, choisit ce que Freud appelle l'« Autre côté ». Il ne brise rien ; surtout pas l'« ancien jeu des vers », parce que son but n'est pas de détruire, mais de transformer par enchantement. Entendre, ici, le mot au sens qu'il a dans les contes : il s'agit bien, comme dit le Petit Robert, d'une « opération magique » qui n'a pas à donner ses raisons. Dans cette perspective, les vers que j'ai cités, les plus douloureux, ceux qui me touchent le plus dans la poésie de Sylvain Garneau, ne doivent pas être détachés, comme des conséquences imprévues, de l'ensemble des poèmes dans lesquels ils apparaissent. Ce n'est pas une petite affaire que l'*enchantement,* un divertissement de bonne compagnie qui ne ferait de mal à personne. La mort en fait partie, substantiellement ; et il faudrait peut-être, pour en apprécier le sens, ne pas trop penser à la mort tragique, historique du poète. La mort appartient à l'« autre côté », à l'« autre rive » dont parle le poète dans *Les Trouble-Fête,* et qui est le lieu, ou si l'on préfère le *non-lieu* où sa poésie s'accomplit. Ainsi, le beau vers cité plus haut : « On trouve un lac trop grand, trop bleu, et l'on s'y noie », est précédé d'une ascension : « On monte la colline, on arrive et puis quoi ? » et suivi d'un quatrain idyllique où les images les plus gracieuses évoquent la disparition de la poésie même dans son accomplissement :

> La fileuse a tissé de ses longs cheveux bleus
> Un filet doucereux où meurent les phalènes
> Et dans ses bras luisants on se souvient à peine
> Des quatrains qu'on a mis sur les murs poussiéreux.

La disparition, l'oubli, la mort, ne constituent donc pas, dans la poésie de Sylvain Garneau, un désaveu de ces grâces où se complaisait l'imagination facile d'un jeune poète doué pour les vers. Mais sur l'« autre rive », rien n'est assuré, la vie se donne à la mort — et, aussi bien, la mort se donne à la vie. Dans le même poème, encore :

> Mon nom dans un palais de science et de poussière.
> Mon nom sur tous les murs et sur tous les papiers.
> Mon nom jusqu'au jour où je l'aurai oublié.
> Mon nom sur une pierre au fond d'un cimetière.

Cette poésie légère et dangereuse n'est pas celle qu'on attendait au début des années cinquante, malgré les images qu'elle transmet de la réalité urbaine, bureaux où l'on travaille, restaurants, tramway de la Côte-des-Neiges, qui répondent apparemment au désir de modernisation de l'époque. Mais la ville, dans la poésie de Sylvain Garneau, est aussitôt transformée en un décor de rêve qui l'éloigne d'un tel désir. Elle n'a, malgré quelques apparences, aucun rapport avec ce qui se produit dans le décor ambiant, celui de la poésie dite nouvelle, celui de l'avant-Révolution tranquille. Même pas, faut-il le dire, un rapport d'opposition. Elle est ailleurs, n'importe où pourvu que ce soit ailleurs. Sommes-nous enfin en mesure, nous les lecteurs du XXIe siècle, de la rejoindre dans son non-lieu ? D'accepter que la poésie ne soit pas seulement une marche en avant, une façon de rompre plus ou moins violemment les chaînes du passé, mais aussi bien le contraire, une tentative désespérée d'abolir le temps ? « Les trains, écrivait Sylvain Garneau à un de ses amis, devraient aller à reculons. » C'était une boutade, mais lancée dans un texte où revenait, comme un leitmotiv, le thème du souvenir ou, mieux, du « ressouvenir ». La poésie de Sylvain Garneau est de celles qui se refusent le plus obstinément à l'actualité.

On se souvient peut-être de ce qu'en écrivait en 1966, dans son anthologie de *La Poésie canadienne* le critique français Alain Bosquet : « Si le génie a jamais traversé la poésie du Canada, c'est incontestablement chez Sylvain Garneau, dans cinq ou six strophes dignes du "Bateau ivre", qu'il s'est arrêté. » Le « Bateau ivre », vraiment ? Les « incroyables Florides », « les cieux crevant en éclairs », les « cieux ultramarins aux ardents entonnoirs » ? Ces grands éclats n'ont pas grand-chose à voir, me semble-t-il, avec la poésie de Sylvain Garneau, qui s'écrit essentiellement en mineur. Mais il n'est pas facile de se débarrasser du mot « génie », si on lui donne le sens d'une réponse vraie à la sollicitation de l'ailleurs.

2008

3

Le jeune homme et la mer

(Yann Martel)

La poussière est retombée, et l'on se souvient à peine qu'en l'an de grâce 2002, le Booker Prize — un des prix littéraires les plus prestigieux du monde anglophone — fut décerné à un jeune homme à peu près inconnu dans le monde des lettres, Yann Martel. Martel, le patronyme vous dit quand même quelque chose ? Yann est le neveu d'un autre Martel mieux connu à Montréal, le Réginald Martel qui tint pendant de nombreuses années la chronique littéraire dans *La Presse*. Mais le Booker Prize est décerné à une œuvre écrite en anglais, et l'on s'est étonné à juste titre qu'il aille à un jeune homme dont l'origine franco-québécoise ne fait pas de doute. C'est la faute de la diplomatie. Si Yann Martel est un écrivain anglophone, c'est qu'il a atteint l'âge scolaire dans un pays sans école française où son père, diplomate de carrière, se trouvait en poste. Mais il parle français comme un grand, même s'il a choisi — autre motif d'étonnement — de s'installer à Saskatoon. On en reparlera.

Le roman, donc, s'intitule *Life of Pi*. Quand on a fait son cours classique, on se rappelle peut-être que le Pi est une lettre grecque, mais ce n'est pas à ce titre qu'elle est portée par le personnage narrateur. Ce nom lui a été donné par un oncle, grand nageur, qui, au cours d'un séjour d'études à Paris, a fréquenté la piscine Molitor. En bref, ou plutôt en long, Pi s'appelle Piscine Molitor Patel — Patel parce qu'il est un Indien de Pondichéry. On imagine facilement ce que peut devenir le prénom Piscine dans une école anglaise : « pissing ». D'où la nécessité pour le garçon de se réfugier dans la première syllabe.

J'insiste sur l'histoire de ce prénom parce que les traits essentiels du personnage et du récit s'y trouvent réunis. On trouvera peut-être invraisemblable qu'un enfant, fût-il né à Pondichéry, porte le nom d'une piscine parisienne. Mais c'est possible après tout, et le premier exploit du formidable romancier qu'est Yann Martel est de nous amener peu à peu, sans insister, par la seule force du récit, à le trouver parfaitement vraisemblable. Il en ira de même pour la carrière religieuse de Pi. Il sera, non pas successivement mais simultanément hindouiste, chrétien et musulman. On pourrait voir là une petite blague anticléricale comme il s'en fait tant. Il n'en est rien. Pi est un être profondément religieux, et le miracle d'œcuménisme qu'il réalise est plein de sens dans une époque où l'on a vu un pape s'agenouiller dans une mosquée. L'invraisemblance, dans *Life of Pi*, n'est jamais loin de la vérité, et peut-être même en est-elle le refuge le plus sûr.

Nous sommes prêts, maintenant, à entrer sans méfiance dans la plus longue, la plus substantielle des trois parties du roman, celle qui raconte l'équipée de Pi dans une chaloupe de sauvetage, après le naufrage du cargo sur lequel il se trouvait avec sa famille et toute une ménagerie, voguant vers le Canada. Sa dérive dans le Pacifique durera précisément 227 jours, ce qui constitue un record absolu (le narrateur précise que le précédent, de 173 jours, datait des années cinquante). Mais là n'est pas l'aspect le plus important de cette Robinsonnade maritime. Pi a échoué dans sa chaloupe avec trois animaux de la ménagerie paternelle, un zèbre qui s'est cassé la patte, un chacal et un tigre. Il n'en restera bientôt plus qu'un, on le pressent, le zèbre étant bouffé par le chacal et le chacal par le tigre. Voici donc face à face, dans une fragile embarcation, presque sans ressources, voguant sur un océan Pacifique parfois déchaîné, un jeune hindou-musulman-chrétien de seize ans, face à un tigre souvent affamé — qui le lui reprocherait ? — et qui ne s'en laisse pas facilement imposer. Je ne vous dirai pas comment Pi réussira à intimider la bête à la manière d'un dompteur chevronné, à se procurer la nourriture et l'eau nécessaires à leur double survie, à échapper au découragement qui le menace inévitablement. L'exploit laisse loin derrière les travaux de Robinson Crusoé. Il n'avait pas affaire, lui, dans un habitat brassé par les vagues, à un superbe tigre nommé, à la suite d'une erreur administrative, Charlie Parker, beaucoup moins docile qu'un Vendredi. Et il bénéficiait des consolations de la terre ferme.

Mais le tour de force est évidemment celui du romancier, véritable encyclopédie vivante qui semble tout savoir des animaux sauvages, du comportement de la mer, de la façon d'attraper des poissons fussent-ils volants, de construire un radeau avec rien, et de mille autres questions essentielles qui remplissent deux cents pages de son roman. Où diable a-t-il appris tout ça ? Si on voulait le suivre pas à pas, comprendre exactement de quoi il parle (tout seul), il faudrait avoir sans cesse le nez dans le dictionnaire et l'encyclopédie. Mais en vérité, je l'avoue sans honte, je n'ai pas passé beaucoup de temps dans ces gros volumes, quitte à ne pas savoir précisément ce qu'est par exemple un « meerkat ». Je me suis laissé emporter par des descriptions d'une écriture somptueuse, qui n'avaient pas besoin d'être examinées de près pour me suggérer quelque exotisme absolu.

Vérité ou véracité ? Vérité ou vraisemblance ? La question sera posée à la fin du roman, lorsqu'arriveront au Mexique, où Pi a fini par s'échouer, deux envoyés du ministère japonais des Transports chargés de découvrir la vérité sur le naufrage du cargo. Pi leur en fera voir de toutes les couleurs, dans un dialogue qui est en lui-même un chef-d'œuvre de drôlerie et d'intelligence. Aux doutes des enquêteurs, qui veulent la *vérité vraie*, il répondra : « L'amour est difficile à croire, demandez-le à n'importe quel amant. La vie est difficile à croire, demandez-le à n'importe quel homme de science. Dieu est difficile à croire, demandez-le à n'importe quel croyant. » (Ma traduction.) La vérité, dit-il, se trouve dans le récit, non dans ce qu'on appelle les faits. Devant l'insistance de ses interlocuteurs, il leur en offrira un autre, assez atroce, à la fois différent et parent de celui que nous venons de lire, et leur demandera de choisir. Cette demande s'adresse aussi, cela va sans dire, au lecteur. S'il a lu jusqu'au bout le roman de Yann Martel, c'est qu'il aura choisi.

* * *

Yann Martel, je le disais plus haut, habite maintenant la flamboyante ville de Saskatoon. C'est de là qu'il envoie toutes les deux semaines un livre de grande littérature au premier ministre du Canada, Monsieur Harper, accompagné d'une lettre substantielle où il lui chante les mérites de la chose. La liste des auteurs est imposante, et extrêmement diverse : cela va de Tolstoï à Beckett, d'Anaïs Nin à Kafka, de Larry Tremblay (oui !) à Rilke, de Jane Austen à Voltaire. Yann Martel s'est lancé dans cette étrange entreprise après avoir été choqué par l'attitude désinvolte du *Prime Minister* au cours d'une cérémonie qui marquait, à Ottawa bien sûr, le cinquantième anniversaire du Conseil des Arts du Canada, aussi appelé *Canada Council*. Monsieur Harper, malgré la lourdeur de ses responsabilités, aurait-il lu au moins quelques-uns de ces beaux livres ? (Je frémis à la pensée de Jean Chrétien recevant une telle manne…) Impossible de le savoir. Secret d'État, sans doute. Était-ce une bonne idée ? On peut en douter. En fait, je soupçonne Yann Martel d'avoir confectionné cette anthologie pour lui-même, pour se faire plaisir à lui-même, et peut-être en faire un livre.

Mais s'il est jamais publié en dehors du *web*, j'espère qu'on refera les traductions. « L'une des manières de lire *La Métamorphose*, écrit Yann Martel, serait de le traiter comme un avertissement. Une telle aliénation entre ses pages fait qu'on aspire à l'authenticité en échange. » Ouille ! L'influence de Saskatoon ?…

2002

4

Une voix dans le désert

(Jean-Marc Fréchette)

Depuis que je l'ai rencontrée, il y a quelques années à peine —
j'étais en retard! —, la poésie de Jean-Marc Fréchette constitue pour moi une des énigmes les plus étonnantes de la poésie
québécoise contemporaine. Elle est vouée tout entière à une
thématique religieuse dont on pourrait penser qu'elle s'était
presque complètement tarie au Québec depuis Rina Lasnier
— à l'exception évidente de la poésie de Fernand Ouellette,
particulièrement dans ses derniers recueils. C'est à elle d'ailleurs, à l'auteur du *Chant de la montée* et de *Mémoire sans
jours,* qu'est dédicacé un des derniers recueils de Jean-Marc
Fréchette, *La Porte dorée.* Mais autant la poésie de Rina Lasnier
est complexe, difficile, toujours menacée par une sorte de vertige, autant celle de Jean-Marc Fréchette se présente comme
limpide, sans détour. Je lis par exemple dans *La Porte dorée*:

> Anne ne dépassait pas les murs du jardin.
> Elle respirait immensément cet espace
> Où Dieu multiplie ses œuvres de lumière.

Que dire de cette poésie qu'elle ne dise elle-même directement, et comme sans aucun effort d'art? N'évoque-t-elle pas,
plutôt que les démarches ardues de la poésie contemporaine,
les naïves exaltations religieuses de notre enfance?

La poésie de Jean-Marc Fréchette n'a pas toujours eu cette
tonalité. Ses deux premiers recueils, *Le Retour* (1975) et *L'Altra*

Riva (1976), s'écrivaient sous l'invocation de quelques penseurs et mystiques de l'Inde, au premier chef Sri Aurobindo et Meera, la Mère, et d'autre part celle de la pensée grecque, représentée essentiellement par les aphorismes d'Héraclite. Qu'on n'aille pas se représenter toutefois une poésie encombrée de références vaguement ésotériques. La pensée (oui, il existe des poèmes de pensée) et la langue ont souvent, dans ces premiers recueils, une force remarquable. Rien du flou syntaxique, de la pâle imagerie qui séduisent tant de poètes débutants. On est plus près des formulations paradoxales d'Héraclite — ou de René Char parfois, m'a-t-il semblé — que des extases de la poésie orientale. Tel ce petit poème, d'une sûreté de frappe particulièrement satisfaisante :

Les anges dans les arbres surmontent la peine de Dieu, boivent aux feuilles cerclées d'or, enfantant dans la pure négligence le feu des ailes.

Ô ma vie ravagée de distance.

(Attention, ce ne sont pas les anges de la théologie chrétienne qui apparaissent dans ce poème, mais ceux de Rilke, un peu différents.) Ou encore ceci, qu'on pourrait lire en même temps que des aphorismes de René Char : « Ces plaies qui nous ont guéris. » Ou, enfin, cette splendide image : « Le livre, oiseau de femme. »

Les deux premiers recueils de Jean-Marc Fréchette sont aujourd'hui disparus, et peut-être même en partie révoqués, puisque le poète n'en a recueilli qu'une partie, d'ailleurs en modifiant souvent les textes, dans *Le Corps de l'infini* (1968-1985). Ce dernier livre est suivi, en 1988, de *La sagesse est assise à l'orée*, où l'inspiration de la spiritualité indienne s'exaspère en quelque sorte, devient si insistante qu'on imagine une rupture en train de se préparer. La voici. Les recueils suivants, *Le Psautier des Rois* (1994), *La Lumière du verger* (1998), *La Porte dorée* (2002) et *En amont du Seigneur* (2007) paraissent, à la première lecture tout au moins, n'avoir plus guère de rapport avec les œuvres précédentes. C'est, bien sûr, une illusion. Une lecture plus attentive révélera des continuités souterraines entre les premiers et les derniers poèmes de Fréchette. Mais on peut dire qu'une révolution s'est produite, spirituelle en même temps qu'esthétique. Le poète la raconte sobrement : « En 1967, il découvre l'enseignement de Sri Aurobindo, et séjournera plus tard deux ans à l'Ashram de Pondichéry (Inde). Il renoue avec le christianisme en 1986. »

On pensera d'abord peut-être à des vitraux, pour les images, pour la lumière, pour la transparence. Les anges sont encore là, mais chargés de significations nouvelles. Le Christ, la Vierge, saint Joseph, saint François, beaucoup d'autres figures de la même famille entrent en scène, dans une langue qui emprunte fréquemment la forme de la prière, de l'invocation. Parlerons-nous d'une imagerie naïve ? Mais c'est une naïveté savante, si l'on peut dire, obtenue par un travail poétique constant, attentif à la moindre nuance, où les mots sont soigneusement pesés. Vous passez vite, et c'est raté, vous n'avez pas lu — ou peut-être recevez-vous une impression de lumière, et c'est beaucoup, mais un poème n'est pas qu'une impression. Robert Marteau, dans la très belle postface épistolaire qu'il a écrite pour *La Porte dorée*, compare la poésie de Fréchette à celle de grands poètes religieux, Jean de la Croix et le jésuite anglais Gerard Manley Hopkins : « Mais eux, dit-il, sont savants tandis que toi tu te contentes d'un peu de suc et de pollen, et d'un chalumeau primitif. Et c'est bien cela qui fait que tu es de tous les temps : compagnon angélique, baptisé dans les eaux du Jourdain, en route déjà, dès que l'étoile se lève. » Et oui, certes, telle apparaît la poésie de Jean-Marc Fréchette dans *La Porte dorée*, la plus simple et la plus dépouillée qu'il ait écrite, mais l'énigme dont je parlais plus haut n'en devient que plus étonnante. Cette poésie n'a rien à voir, insistons-y, avec la poésie dévote de nos anciens temps, bien qu'elle paraisse en reconduire les thèmes. La différence est surtout privative, c'est-à-dire qu'elle se construit par le rejet décidé des ornements traditionnels, de tout accès de sentimentalité. Peu de mots, mais choisis avec la plus grande rigueur :

> La terre noire a exhalé son haleine de prophète.
> Et moi je suis tout emplie de ce printemps
> Qui surgit des grands fonds de l'hiver.

C'est Anne qui parle, enceinte de Marie comme la terre est porteuse de la moisson à venir : image commune, consacrée par la tradition. Mais voici qu'à la fin le poème s'ouvre, comme cela se produit presque toujours dans *La Porte dorée*, à l'image inattendue, paradoxale, d'une fécondité venue du plus profond de l'hiver. Les mots de ce poème, note Robert Marteau, sont bien « les plus simples de la langue française », mais audacieusement lavés des marques de l'habitude et devenus porteurs de grand sens.

La simplicité, donc, mais obtenue par une culture large et profonde, qui se garde d'exhiber les détours de sa science. Il y a une richesse de la poésie de Jean-Marc Fréchette, qui naît d'une pauvreté cherchée, voulue ; une gloire, issue de l'humilité ; un retrait, par rapport au monde tel qu'il se propose, qui est une présence — on ne dira pas une actualité, mot vulgaire. La demande formulée dans la prière à Marie de *La Lumière du verger* : « Fais-nous pénétrer dans l'excès de l'existence », est bien une demande de notre époque, mais elle s'accompagne d'une condition indispensable — l'effacement : « un baiser brûlant qui nous efface » — que la conscience moderne a la plus grande difficulté à accepter, même à concevoir. La poésie de Jean-Marc Fréchette nous présente à la fois cette grâce et cette audacieuse promesse :

> Les humbles viendront,
> S'agenouillant dans l'herbe,
> Ils recevront le pain lumineux
> Et le vin vermeil. *(La Lumière du verger)*

La « vraie vie », dans l'œuvre de Jean-Marc Fréchette, ne passe pas par les sommets du défi, comme Rimbaud l'a vécue, mais par le plus bas, le plus simple, le plus dépouillé : l'*herbe*.

2002

5

Frère Gaston

(Gaston Miron)

Il y eut le frère Marie-Victorin, botaniste célèbre, fondateur du Jardin que vous savez, auteur d'un immense ouvrage dont Réjean Ducharme fit la réclame dans *L'Hiver de force*. Puis, un peu plus tard, un littéraire, un vrai, un homme de grande culture, le frère Clément Lockquell, qui eut l'audace de publier en 1949 un roman qui méritait mieux que l'oubli presque total dans lequel il est tombé, *Les élus que vous êtes*, prix David 1950. Le frère Jérôme, lui, est resté dans une obscurité relative, bien qu'à son atelier du collège Notre-Dame il ait enseigné à de grandes pointures de l'art comme Borduas, Mousseau, Riopelle. Traverserai-je la rue de la Reine Marie, au risque de ma vie, pour saluer le frère André, admirer ses miracles et sa grande cabane ?

J'irai plutôt vers une autre célébrité *fraternelle*, plus proche de nous celle-là, connue par son pseudonyme plutôt que par son nom propre. Je parle, on l'aura compris, du Frère Untel. Il est décédé il y a quelques années sous le nom de Jean-Paul Desbiens, qui avait l'air d'être son pseudonyme, son masque pour ainsi dire, tellement l'anonymat de son premier livre avait parasité sa personnalité. Ces dernières années, il semblait avoir changé. Ce qu'il écrivait sous le nom de Jean-Paul Desbiens paraissait un peu pâle, un peu convenu, auprès des grands coups de gueule des *Insolences*. C'est qu'on ne se souvenait guère du contenu de son livre. On avait oublié que la cible principale du frère était la corruption de la langue française dans nos écoles (et en dehors des écoles aussi, sans doute). Les choses ont-elles changé, à cet égard, depuis les

Insolences ? Les protestations du frère ont-elles porté fruit ? Écoutez la télévision, pour voir.

Il y a un autre frère, dans nos lettres, qu'on ne reconnaît pas sous cette appellation tout simplement parce qu'il n'a pas porté très longtemps la grande soutane et la grosse croix abdominale des Frères du Sacré-Cœur. Mais tout de même, cinq ans, ce n'est pas tout à fait rien, ça marque un jeune homme. Nous en saurons un peu plus sur cette période lorsque paraîtra la biographie de l'*homme rapaillé* que Pierre Nepveu est en train d'écrire. Pour l'instant, laissons-nous inspirer par les photos du très bel *Album Miron* réalisé par sa compagne Marie-Andrée Beaudet. Le frère Gaston, ou plus justement le frère Adrien — j'allais écrire le frère André ! — nous apparaît d'abord dans toute sa candeur alors qu'il se trouve au juvénat du Mont-Sacré-Cœur à Granby. Il a l'air d'un jeune frère qu'aucune tentation, vraiment, ne pourrait détourner de sa vocation. Pourtant c'est bien là, au juvénat du Mont-Sacré-Cœur, qu'il commencera à écrire de la poésie. Oh non, pas encore de la poésie mironienne, mais celle qu'on écrit lorsqu'on a de la considération, voire de l'admiration pour de vieux rimeurs comme Octave Crémazie et Pamphile Lemay. Mais l'étonnement demeure : comment, d'où peut venir à ce sage juvéniste l'idée d'écrire des poèmes ? Rien, dans sa vie antérieure, ne l'a prédisposé à pareille aventure. Le plus surpris, lorsqu'il commence à écrire des textes qui ressemblent à des poèmes, c'est lui-même, il ne savait même pas que c'étaient des poèmes. Très mauvais, comme il le dira plus tard. Mais ce qu'ils ont de plus inquiétant, c'est d'être écrits au juvénat, par un novice. Le maître mot, le mot essentiel sera prononcé par le professeur qui le surprend en délit d'écriture. Après avoir conseillé au jeune homme de potasser des manuels de versification qu'il lui procurera lui-même, il ajoute ceci, qui ne manque pas de pertinence :

« Écoutez, c'est un pacte entre nous, il ne faut le dire à personne, parce que ça ferait mal paraître... »

Le sens de cette dernière expression, que rapporte Miron

dans sa grande entrevue avec Jean Larose, au début des années quatre-vingt-dix, n'est pas tout à fait clair. Le professeur ferait-il allusion à quelque rumeur possible d'amitié particulière ? J'en doute fort. Je crois qu'il souligne plutôt l'incompatibilité, à ses yeux évidente, entre l'écriture poétique et le métier de frère. Un prêtre, à la rigueur, peut pondre des poèmes, et quelques-uns d'entre eux se sont frayé un chemin, sans déroger, jusque dans les manuels de littérature québécoise. Regardez-le, le frère Gaston — pardon, Adrien —, quelques pages plus loin, dans la photo de fin d'année de la classe à laquelle il enseigne à l'école Meilleur ; raide comme un piquet de Saint-Agricole, n'entendant pas à rire, et s'il écrit des poèmes les cachant soigneusement. Il faut tourner encore quelques pages de l'album pour rencontrer, le visage orné d'une petite moustache, assis devant sa machine à écrire, fumant le cigare avec enthousiasme, un poète décidément laïque qui s'appelle Gaston Miron.

Mais restons encore un peu chez les Frères. Je ne parle évidemment pas des frères convers, qui dans les abbayes s'acquittent des tâches matérielles et reçoivent de leur voisinage avec les moines une dignité particulière. Je ne parle pas non plus des frères de Saint-Dominique, les frères prêcheurs comme on dit, qui sont de faux frères, ayant le droit de dire la messe. Je parle des frères enseignants, de cette immense armée de frères enseignants qui occupaient il y a un peu plus d'un demi-siècle, au Québec, la totalité des institutions d'enseignement primaire. J'en garde un souvenir assez vague, et pas très agréable. Ma véritable mémoire scolaire commence au cours classique, chasse gardée des prêtres consacrés et, prétendait-on, légataires légitimes des valeurs de l'humanisme chrétien. Gaston Miron ne connaîtra pas une telle promotion. Il est resté chez les Frères, c'est chez eux que, miraculeusement, il a commencé à écrire des poèmes — fort mauvais, comme il l'a souvent dit, mais quel vrai poète n'a pas commencé par ces brouillons, par ces tentatives boiteuses ? Ce qui distingue Gaston Miron des poètes de sa génération, c'est qu'il est demeuré, dans un certain sens, le poète-frère, le poète de ce prolétariat intellectuel. Comparez ses premiers poèmes à ceux des autres débutants de l'Hexagone. Ou encore, et ce sera plus significatif parce que Miron se sera vraiment trouvé à cette époque, avec la production poétique de *Parti pris*. Les poètes de l'Hexagone et de *Parti pris* viennent du cours classique. Gaston Miron, du juvénat du Mont-Sacré-Cœur de Granby.

Cela ne signifie pas qu'il n'était pas un poète savant. Tous les poètes, les vrais poètes, sont savants, ils relèvent d'une tradition. Deux affirmations, cueillies dans l'entrevue citée plus haut, le feront comprendre. « Je suis un poète généraliste », dit Miron, c'est-à-dire « un poète pour lecteurs en général, tandis que d'autres sont des poètes pour des publics particuliers ou pour les autres écrivains ». Il exagère, c'est évident, il en remet, autrement il ne serait pas Gaston Miron. Mais on entend bien dans cette proclamation une exigence, un vœu qui n'est sans doute pas étranger à celui du poète-frère, du cours primaire ouvert à tous, à tout le monde. Illusion, si vous voulez. Mais illusion féconde, comme le prouvera plus tard l'œuvre de Miron. L'autre phrase me renvoie encore plus explicitement au Mont-Sacré-Cœur : « J'ai toujours rêvé d'être un poète classique. » On n'évite pas de penser au professeur du juvénat prêtant au jeune homme qui fait de la poésie sans le savoir un manuel de versification. C'est là, dans ce manuel qui énonce les règles anciennes du discours poétique, qu'il apprendra la poésie et ce qu'elle veut, ce qu'elle peut faire. Ces règles, il ne les respectera pas toujours, sans doute, mais il est bien celui qui s'insère dans les grandes traditions de la poésie française, la poésie de sa langue, de son histoire. « Un poète classique, ajoutait-il, c'est un poète qui est le contemporain de toutes les époques. » Il ne suffit pas d'écrire des alexandrins pour être ce poète — Miron en fera beaucoup, et de fort beaux —, mais de savoir ou de soupçonner ce qu'ils peuvent encore inspirer.

« Archaïque Miron… »

6

De la « maudernité »

(Francine Noël)

Ça se passe, très exactement, entre le 21 novembre 1968 et août 1975. On y parle beaucoup des études littéraires, telles qu'elles se faisaient (grosso modo) à une célèbre université montréalaise. De la gauche classique ou maoïste qui faisait fureur chez les étudiants et quelques professeurs. Du terrorisme et de la Crise d'octobre, un peu. De la Nuit de la poésie. Des modes vestimentaires et langagières. Du bill 63. Des mariages, des unions libres et des séparations qui se produisent presque aussitôt. Des garderies (forcément), dont le nombre croît rapidement. Un personnage nous dit qu'il a rencontré Hubert Aquin. On fait du macramé, on lit *Cent ans de solitude*, on va voir les films de Jean-Pierre Lefebvre. On discute beaucoup de la « maudernité ». J'en oublie ? Oui, certainement. Toute l'époque est là, ses tics, ses grands espoirs et ses petites révoltes ; l'époque d'une révolution culturelle issue à la fois de la Révolution tranquille, qui commence à devenir un peu trop tranquille au goût de la jeunesse étudiante, et du 68 parisien. Les aînés, les baby-boomers se souviendront ; ils sauront quelle boîte espagnole se cache, dans ce roman, sous le pseudonyme de *La Luna de papel*, ils reconnaîtront peut-être dans le poète Adrien Oubedon une gloire (transformée, sans aucun doute) de la poésie québécoise. Aux autres, aux plus jeunes, faudra-t-il fournir une édition critique, qui leur permette de se retrouver dans le fouillis des allusions ? Je fais le pari que le roman de Francine Noël est assez vivant, assez fort pour se passer de ces béquilles et entraîner dans son mouvement le lecteur non complètement averti, fût-il même non québécois.

Bien encadrée par ses dates initiale et terminale, l'histoire de Maryse est une chronique. Elle en a l'abondance, la liberté de mouvement. Elle digresse, elle baguenaude, se faisant de temps à autre « chronique floue ». Elle quitte facilement un point de vue pour un autre, celui de Maryse — le plus fréquent — pour celui de François Ladouceur ou de Marité. Chronique : chronos, temps. Elle s'abandonne au temps qui passe : celui des modes, aussi bien que celui des saisons. Le temps de la chronique n'est pas celui, fortement orienté, du roman, qui entraîne son héros, veut veut pas, vers une conclusion dramatique. Il a plutôt l'allure d'une promenade sans but précis, d'un *nowhere* comme dirait un personnage du récit. Il est à la fois ce qui fait mûrir et ce qui fait mourir, disparaître, oublier. Les modes ont bien ici l'air de fragilité qui est leur définition même ; dès qu'elles apparaissent, on les sent disposées à disparaître. Il y a de cela, également, dans les autres gros romans qui sont publiés aux alentours de 1980, les *Chroniques du Plateau Mont-Royal* de Michel Tremblay, *La Vie en prose* de Yolande Villemaire, *Le Matou* d'Yves Beauchemin : tout s'y présente comme transitoire, périmable sinon déjà périmé. Un Rastignac n'y serait pas à l'aise, non plus que la Florentine Lacasse de *Bonheur d'occasion*, à laquelle pourtant il arrivera à Maryse de s'identifier. Ils ont, eux, des ambitions, et rien n'est plus étranger à un personnage de Francine Noël que l'ambition, le désir d'*arriver*. François Ladouceur est tout déconcerté de se voir devenu professeur, presque sans l'avoir voulu. C'est que, dans *Maryse*, les fins, les buts et donc les moyens semblent avoir perdu toute pertinence : si l'on est de gauche, c'est par une sorte de mouvement naturel, en suivant une pente ; si l'on est nationaliste, c'est parce qu'il est proprement impensable d'être autre chose ; si l'on veut réussir ses examens, terminer sa thèse, c'est parce que la *loi du milieu* l'exige. On ne se prendra de passion que pour des buts un peu dérisoires, semblables à la *binerie* du *Matou*. L'époque — je parle des années quatre-vingt plutôt que des années soixante-dix — est ironique, portée sur la caricature. Elle se sait mortelle, comme l'air du temps. *Maryse*, faut-il le dire, est un roman très drôle, férocement drôle ; aimable aussi, paradoxalement ; et avec un rien d'amertume, on y reviendra.

De tout cela vient qu'en lisant le roman de Francine Noël on a généralement l'impression de se trouver non pas dans une œuvre de fiction, une œuvre littéraire, mais dans la vie même, la plus ordinaire, la plus courante. Pourtant, la romancière invente beaucoup, elle exagère, elle en remet. On fera bien de ne pas lire comme un portrait absolument fidèle la description qu'elle fait des études littéraires ; les noms qu'elle donne aux diverses méthodes d'exploration du texte, logologie, *et cetera,* sont fabriqués de toutes pièces, aussi fantaisistes que s'ils sortaient de *Gargantua* ou de *Pantagruel.* Mais, malgré ces outrances divertissantes, l'impression de vérité s'impose, demeure. Ce que raconte Francine Noël dans *Maryse* est vrai, plus vrai que nature, aussi vrai que ce que je vivrai demain matin quand je me rendrai à ma propre université — un peu différente celle-là — pour y donner mon cours. On y est, vraiment : à l'*autre* université, à la *Luna de papel,* dans cet appartement miteux où cohabitent tant bien que mal des étudiants peu fortunés. Entre le lecteur et la réalité, je le répète, on dirait que le voile de la littérature s'est déchiré. Il n'en est rien, bien entendu. Il faut faire beaucoup de littérature pour que se dissipe l'impression de littérature, manier savamment les formes narratives, la rhétorique et toutes sortes de trucs. Voyez, entre autres choses, la façon dont Francine Noël fignole ses fins de chapitre ; et ce n'est là qu'une de ses multiples habiletés. J'allais dire que *Maryse* combine, de manière éminemment paradoxale, les ruses du roman populaire et celles de l'intellectualité galopante, mais ce ne serait pas tout à fait juste car le roman populaire n'aime pas la digression, le vagabondage, il va droit au but. Ce que Francine Noël recycle et raffine, c'est autre chose : l'article de magazine peut-être, ou le documentaire romancé, enfin une forme de récit qui se déclare, d'entrée de jeu, en prise sur la réalité, au mépris des mythes et des formes stylistiques qui organisent le romanesque. On pensera à Réjean Ducharme, appelant récit et non roman *L'Hiver de force*, qui se tient, lui aussi, tout près de l'actualité. Non seulement, d'ailleurs, ces deux romans, celui de Francine Noël et de Réjean Ducharme, se disent non littéraires, ils se posent comme anti-littéraires, comme des machines de guerre dirigées contre la littérature. Avec, il va sans dire, les moyens mêmes de la littérature.

Cela s'observe, au premier chef, dans le langage, dans le vocabulaire. Les personnages de *Maryse* ne sont pas des apôtres du bon parler, de la correction linguistique. Ils sacrent beaucoup. Ils utilisent volontiers des mots anglais. Ils parlent, dit l'auteur, un « joual refabriqué ». C'est Marité, fille d'Outre-mont, jeune avocate, qui déclare : « Vous autres, gang de sacrements, vous m'aurez pas ! » et parle de « shift de nuit ». La narratrice elle-même n'est pas en reste ; elle ne rate pas une occasion de manifester son indifférence ou son hostilité à l'égard des élégances langagières. Ce n'est « que du fake », dit-elle, sans se soucier d'expliquer — comme le faisait Claude-Henri Grignon lorsqu'il utilisait un canadianisme ; d'une certaine personne, elle (la narratrice, toujours) dira qu'elle a « la chienne ». Mais c'est Marie-Lyre Flouée, assurément, la comédienne, qui remporte la palme de la grossièreté et de l'invention linguistique. « Écœure-moi pas pis va te crosser dans les toilettes ! », lance-t-elle « sobrement » à un gars qui l'embête à *La Luna de papel*. Il y a plus de gros mots, dans ce roman d'étudiants où l'on n'hésite pas à citer Hegel, que dans telle œuvre explicitement vouée à l'illustration de la culture prolétarienne comme *Le Cassé* de Jacques Renaud ou tel roman de Michel Tremblay. Mais ils ont une fonction différente, qui est d'entrer en concurrence avec d'autres vocabulaires plus nobles, pour les sortir de leur superbe, de leur supériorité prétendue. Les gros mots se posent explicitement en agresseurs du beau langage, du langage d'Outremont et plus encore du langage parisien. Voir, à ce sujet, la superbe algarade que lance la championne susdite, Marie-Lyre Flouée, à son amant français qui refuse de se faire appeler « chum ». Comment donc l'appeler, comment le situer dans « le domaine pourtant si important de la nomination, du nommage, de l'appelage, du câllage des mâles avec lesquels on s'accouple » ? Ni le mot mari, ni celui de compagnon, ni celui d'amant (« on n'est pas dans un roman français, mais sur la rue Marie-Anne ») ne conviennent. Le mot « chum » lui-même, du reste, n'est pas tout à fait juste : « T'es une sorte de chum steady intermittent : t'es steady dans ton intermittence. Mais tu refuses d'être désigné par un mot qui manque de vertus poétiques ! En effet, le mot chum est pas poétique. Le mot chum rime avec bum, dum, Fullum pis gomme ! Que c'est donc laite, le québécois, mon dieu !... » Le québécois, pour Marie-Lyre, on l'aura compris, n'est pas *laite*, ou s'il l'est c'est que le laid a droit de cité tout autant que le beau, comme le disait déjà Victor Hugo. En fait, si les mots du cru contestent la suprématie du beau langage, de « l'affreux génie de la langue française », ils acceptent tout de même de se compromettre avec lui à l'occasion, comme le montrent les bribes de langage policé qu'utilise Marie-Lyre, « vertus poétiques », « dans ton intermittence » et surtout « en effet » dont la tenue académique est indiscutable. On assiste ici à ce que Mihaïl Bakhtine appelle une « polémique » langagière, qui n'admet nul gagnant. Il ne serait pas juste de réduire l'algarade de Marie-Lyre à une charge antiparisienne, à la simple revendication d'une différence linguistique, d'une autre norme, à la manière d'un Léandre Bergeron. *Maryse* est un « trip de langage ». Dans son chaudron de sorcière, Francine Noël met tous les langages, tous les vocabulaires d'une époque, ajoute quelques épices personnelles, et brasse. Cela produit une belle fête de langage, comme il s'en produit de temps à autre au Québec depuis 1960.

Il y a, donc, le langage comme « trip », fête, joyeuse polémique. Mais il y a aussi, dans *Maryse,* un simple bonheur d'écriture qui se donne dès les premières lignes, et qui est un bonheur de vivre : « Ses souliers à talons hauts laissaient de toutes petites traces dans la neige qui ne resterait sûrement pas. Maryse l'avait remarqué, la neige tombée avant le 21 novembre fondait toujours aussitôt… » Un bonheur, une grâce légère, lumineuse, qui résisteront à tous les assauts de la mode ou du malheur. Il y a, enfin, dans le roman de Francine Noël, un drame du langage dont Maryse — ou, si vous voulez, Mary O'Sullivan — est plus particulièrement l'héroïne. C'est à cause de ce drame que la chronique est investie peu à peu par le douloureux, le pathétique : le romanesque. Étrange Maryse… Elle donne son nom au roman, mais elle se laisse plus difficilement approcher par le lecteur que ses amies Marité et Marie-Lyre, ou le tendre François Ladouceur, ou même Coco Ménard, à qui le signataire de ces lignes voue une affection particulière. Maryse aime-t-elle vraiment le beau, l'antipathique Michel Paradis, comme elle s'acharne à s'en convaincre elle-même durant de nombreuses pages ? Il y a lieu d'en douter. Les malaises, les embarras, les déceptions se succèdent, et il faut quelque temps au lecteur pour soupçonner qu'ils ne sont pas suscités, au fond, par les infidélités de Michel mais par quelque chose de plus lointain. Maryse est celle qui rêve, qui se souvient, qui va bientôt écrire (et qui écrit peut-être déjà ce livre-ci). Alors que les autres personnages du roman ne vivent que du présent, de l'actualité de la chronique, Maryse est amenée progressivement à vivre la profondeur du temps. Celle qu'elle fut, la fille de Tommy et d'Irène, le souffre-douleur de Sœur Monique, rejoint celle qu'elle est et l'empêche de respirer, de vivre. Maryse est celle qui change, et c'est à ce titre qu'elle devient personnage de roman. Elle change de peau, elle change de langage. Elle ressemble à Elisa Doolittle, la *fair lady* de George Bernard Shaw et de la comédie musicale que son père, projectionniste d'occasion, lui montrait dans son enfance, mais son histoire, au contraire du film, n'a rien d'un conte de fées. C'est avec une rage croissante, et qui ne laisse pas d'étonner le lecteur, qu'elle prend conscience de sa propre transformation. Elle a des mots très durs pour sa famille, elle parle de sa « race pourrie » (l'irlandaise, la française ou les deux ?), mais elle ne traite pas moins durement Sœur Monique, responsable en partie de son ascension sociale, de son acquisition du langage. L'Elisa Doolittle de *My Fair Lady*, formée, transformée par un maître exigeant mais aimé, courait infailliblement au succès, au bonheur ; dans la vie réelle, celle que traverse Mary O'Sullivan, on ne change pas de langage, on ne change pas de milieu sans laisser dans l'aventure sa livre de chair. Cela, Maryse l'avait lu chez la Florentine Lacasse de *Bonheur d'occasion*. Et l'expérience lui a appris que le langage, la littérature ne suffisent pas à réduire les injustices du réel. Mais n'ayez crainte, elle s'en tirera, grâce à ce qu'elle garde en commun avec sa femme de ménage, Madame Tremblée, « le goût teigneux de vivre ». Une autre mourra à sa place, vidée de son sang, dans les toilettes de la garderie. Maryse, elle, on l'a déjà dit, écrira.

1994

II

7

Un chef-d'œuvre de Gabrielle Roy

C'est une question qui n'aurait, bien sûr, aucun sens en littérature française. Comment choisir entre *Gargantua*, les *Essais* de Montaigne, les *Pensées* de Pascal, *Phèdre*, les *Sermons* de Bossuet, *Splendeurs et misères des courtisanes*, *Partage de midi*, *Les Fleurs du mal*, un poème de Nerval ? Dans une grande littérature, l'élection du chef-d'œuvre absolu relève d'un simple pari. Mais en littérature québécoise, oui, on peut. En tout cas, je l'ai fait à quelques reprises, imprudemment, au cours de mes longues années. L'œuvre qui s'est tenue le plus longtemps au sommet était *Le Torrent* d'Anne Hébert — la nouvelle-titre, sinon tout le recueil —, même s'il y avait, à côté, l'admirable « Tombeau des Rois », irréfutable comme un syllogisme parfait ou une indiscutable équation. Donc, on peut. Quitte à changer d'avis de temps à autre, pas trop souvent. Et à vouloir bien admettre que le choix de l'œuvre implique aussi bien le choix d'une esthétique. Mais une telle admission ne doit pas être confondue avec une certaine mollesse de la préférence, ne laissant aucune place au jugement. Il ne suffit pas de crier au chef-d'œuvre : il faut s'en expliquer, si imparfaitement que ce soit.

Si j'aborde ce sujet périlleux entre tous, c'est que je viens de subir un choc de lecture comme j'en ai rarement ressenti en littérature québécoise. Il s'agit d'une œuvre que je n'avais jamais lue, et ce n'est pas sans honte que je l'avoue, vieux critique que je suis, et même membre du Conseil d'administration du Fonds Gabrielle Roy. J'en ai parlé à quelques amis ; tous — à ma grande honte — la connaissaient, l'estimaient considérablement, la plaçaient même assez près du sommet de l'œuvre. Et pourtant, on n'en parlait presque jamais. Je l'ai rencontrée par hasard, en cédant au devoir de lire les quelques livres de la romancière que j'avais négligés jusque-là, notamment les récits de Petite-Rivière-Saint-François, pleins de choses intéressantes mais aussi envahis par une sensibilité qui n'était pas toujours loin de la sensiblerie ; et les nouvelles de l'Ouest réunies dans *Un jardin au bout du monde*. C'est là que, emporté par l'émotion et l'admiration, j'ai lu mon chef-d'œuvre, la longue nouvelle intitulée « Où iras-tu Sam Lee Wong ? ».

C'est une œuvre que Gabrielle Roy aimait particulièrement, et dont elle regrettait qu'on ne lui parlât pas plus souvent. À une journaliste américaine qui l'interrogeait sur cette nouvelle, elle disait : « *Nobody ever speaks to me of Sam Lee Wong, that dear little man !* » On connaît la sympathie profonde qu'avait la romancière pour les « petits » de ce monde, on en lit l'expression dans un grand nombre de ses livres, mais il y a ici plus que l'expression d'une sympathie : une vision complète, bouleversante de la condition humaine lorsqu'elle est réduite aux nécessités premières. Rien de moderne — mais rien de *dépassé* non plus, les chercheurs de nouveautés formelles en seront pour leurs frais. Et puis non, je reprends : ce qui se raconte ici, la venue d'un immigrant chinois dans un village de l'immense plaine de la Saskatchewan, son établissement, puis l'arrivée des exploiteurs du pétrole, tout cela aurait été inimaginable un siècle — ce n'est pas beaucoup, un siècle — plus tôt. L'écriture elle-même, tout unie, avec seulement quelques renflements d'images ici et là, à la ressemblance de la plaine qu'elle évoque avec un soin du détail presque infini, peut paraître un peu surannée. Thierry Maulnier l'avait souligné, à propos de *Bonheur d'occasion* : « L'écriture de Gabrielle Roy, écrivait-il, manque de ces profondeurs, ces sommets brillants de lumière, où une personnalité d'écrivain vraiment forte inscrit sa marque. » Il n'aurait pas été plus tendre sans doute pour la nouvelle dont je parle ici. Mais pourtant je dirai d'elle ce que je n'oserais peut-être pas dire de *Bonheur d'occasion*, qu'en elle l'écriture se fait absolument *présente*, et que le « manque » même dont parlait Maulnier devient sa plus grande vertu. Peut-être cette écriture n'est-elle pas assez française, ou parisienne ; elle se garde bien, en effet, d'offrir au lecteur français ce qu'il estime devoir obtenir d'une œuvre écrite dans sa langue. Elle vient d'ailleurs, et je ne saurais mieux m'exprimer qu'en l'imaginant traduite de quelque grande œuvre norvégienne, finlandaise ou russe (comment ne penserais-je pas au cher Tchekov ?). Attention, c'est là une image, rien de plus, et je serais bien en peine d'en faire une thèse. Mais je veux suggérer par là qu'on peut écrire, et grandement, en français sans obéir à l'esthétique avec laquelle on le confond habituellement.

« Avec les mois, puis les années, prospérèrent doucement les affaires de Sam Lee Wong. Jim Farrell, le chef de gare, eut une violente dispute avec sa jolie jeune femme Margot. Elle prit le train pour Moose Jaw, un jeudi matin, et on ne la revit plus. »

Dans ces quelques lignes, les adjectifs « violente », « jolie » et « jeune » appartiennent aux autres. Lui, Sam Lee Long, en est totalement dépourvu. Il est l'homme venu de loin, de si loin qu'aucune caractéristique, aucun lignage ne peuvent lui être attribués. Il accepte l'amitié du Français Smouillya, mais toute l'initiative appartient à ce dernier, qui ne rêve que de retourner dans ses Pyrénées natales. Sam Lee Wong a-t-il laissé, dans la Chine trop grande, trop populeuse, une famille, des connaissances ? On n'en sait rien, et le désir ne vient pas au lecteur de le regretter. La Chine est pour lui le pays des ancêtres, le pays des morts, un pays mythique auquel il rêve de retourner un jour mais dont la réalité semble purement imaginaire. Son seul souvenir : quelques collines, semblables à celles qu'il peut apercevoir de son village canadien — qui s'appelle Horizon — et qui lui inspirent une sorte de vénération.

Donc, un Chinois, le Chinois le moins décoratif que l'on puisse imaginer, et qui ne sortira jamais de l'anonymat, incapable d'exil même parce qu'alors il devrait être un « Moi » pourvu d'événements personnels, d'aventures. Mais qui obtient des collines apparues à l'horizon ce que j'appellerais une assurance intérieure, au-delà de toute promesse explicite. Nous les connaissons déjà, ces collines, elles sont un des thèmes majeurs de l'œuvre de Gabrielle Roy, elles sont identiques aux « petites collines bleues » que, dans *La Route d'Altamont*, la romancière découvrait en compagnie de sa mère. Mais voici quelque chose d'étonnant. Alors que, dans *La Route d'Altamont*, les collines appartiennent à l'univers intime de Gabrielle Roy, celles qui *parlent* pour ainsi dire au Chinois semblent échapper à la narratrice, être arrachées à la possession personnelle pour être attribuées totalement, sans résidu, à ce personnage presque impersonnel qui ne cesse de les regarder, de les rêver à partir du village. Personne d'autre que lui ne peut les voir véritablement, parce qu'elles existent dans un rapport essentiel avec les collines chinoises de son enfance, elles composent avec elles un monde démesuré, elles disent ensemble que le monde existe, dans la platitude de la plaine comme dans la surprise de leur élévation. Cela n'est pas l'effet d'une coïncidence heureuse, inespérée, un miracle ; ou ce n'est que le miracle du monde, toujours renouvelé dans ses formes les plus ordinaires. Le monde n'est riche, nous dit le texte, que de cette pauvreté essentielle. Et seul peut l'apercevoir celui qui vient de loin, du plus loin possible. Il y a de tout à Horizon : des Français, des Islandais, des Suédois, des Finlandais, des Russes, des Québécois. Mais on dirait que tous ceux-là ne viennent pas d'assez loin pour voir les « chères collines » qui détiennent le sens du paysage. Il fallait qu'arrive un Chinois, c'est-à-dire l'immigrant absolu, c'est-à-dire celui qui vient de si loin que sa terre natale est devenue purement mythique : le pays des ancêtres, le pays des morts.

Je voudrais pouvoir dire que la nouvelle intitulée « Où iras-tu Sam Lee Wong ? » fait partie, ou mériterait de faire partie de ce que Milan Kundera, dans *Le Rideau*, appelle le « grand contexte », celui d'une littérature européenne (la *welt-*

literatur de Goethe) ou même mondiale. On sait bien qu'en fait, elle n'y a pas trouvé sa place. Elle n'est lue, au Canada même, que par quelques fervents, mon propre retard en témoigne. Et par sa forme, son extrême discrétion, son refus de toute ornementation trop vive, elle s'exclut même de la tradition française. Je rêve, et ce ne peut être qu'un rêve sans doute, d'une littérature où se rejoindraient des œuvres à son image, dans quelques langues qu'elles se soient écrites. Je concède qu'il peut être légitime de la lire comme une œuvre purement québécoise (ou canadienne), portant une expérience historique et une expérience du paysage qui nous appartiennent en propre. Mais la lire ainsi, ce n'est pas la lire *assez*.

2005

8

Les contes de l'homme seul

(Yves Thériault)

Il insistait sur le côté fruste, direct, instinctif de sa nature, affichant un mélange d'envie et de mépris à l'égard de ceux qu'il appelait les intellectuels, les abstraits. Mais il avait des ruses de Sioux, des inquiétudes assez torturantes, et plus de lectures qu'il ne consentait à l'avouer.

Il voulait être un écrivain populaire, écrire des best-sellers en série. Quand on a ce projet, on se trouve un genre et l'on s'y tient. Lui, il n'a jamais cessé de bouger, de changer. Tantôt il est chez les Esquimaux, jouant au primitif, tantôt dans un village québécois, dénonçant les faux-semblants des bonnes gens, tantôt en Espagne, tantôt dans l'Ouest canadien. Il essayait tout.

Il est venu près de faire une carrière internationale. Avec *Agaguk,* on a cru que ça y était. Puis il a gaffé, je ne sais trop comment, il a brisé cette carrière-là avant même qu'elle ait commencé. Je me souviens de Hervé Bazin, son introducteur en France, racontant quelques années plus tard, avec une épouvante non feinte, l'arrivée tumultueuse du Québécois aux Éditions Grasset…

Il a été, il est assurément un des écrivains majeurs de la littérature québécoise. Il est également celui dont on parle avec le plus de malaise dans les milieux littéraires, qu'on situe le plus difficilement, qu'on n'arrive pas à louer sans quelque arrière-pensée. Car s'il a écrit plusieurs très bons romans, il en a aussi écrit de médiocres — il le reconnaissait volontiers lui-même ; et je ne parle pas de ceux qu'il publiait sous des pseudonymes divers, romans à dix cents ou encore cette *Aurore l'enfant martyre* qu'il rédigea en un week-end pour la sortie du film. Il y avait du Simenon chez Thériault. Il lui manquait un Maigret.

Reportons-nous à l'époque de ses débuts. Son premier livre, *Contes pour un homme seul,* paraît vers la fin de la guerre, en 1944. Il impose un ton particulier qu'on retrouvera dans *La Fille laide* (1950) et *Le Dompteur d'ours* (1951), un ton qui ne ressemble en rien à celui des grands ténors et sopranos romanesques du temps, les Ringuet, Germaine Guèvremont, Roger Lemelin, Gabrielle Roy, Robert Charbonneau. Ceux-là pratiquent le réalisme, l'analyse psychologique ; Yves Thériault, lui, s'installe d'emblée dans le général, le mythique. Pas plus qu'avec le réalisme, ses récits paysans n'ont de rapport avec le régionalisme agricole dont la littérature québécoise, ces années-là, travaille à se débarrasser. D'où tire-t-il ces grandes passions primitives, évidentes comme des faits de nature, ces personnages frustes mais sachant parler comme des livres, cette écriture économe et poétique à la fois ? La critique s'empressa de parler de Giono et de Ramuz. Thériault les avait lus, sans doute. Cela ne l'empêchait pas d'être Thériault.

Il venait peut-être de Giono et de Ramuz, mais il venait aussi, peut-être surtout, de la radio. Comme beaucoup d'autres : Robert Choquette, Françoise Loranger, Marcel Dubé, Eugène Cloutier, Félix Leclerc, Jovette Bernier et Claude Gauvreau, oui, Gauvreau dont il m'arrive de penser qu'il a écrit pour ce médium ses plus beaux textes. Thériault a pratiqué le métier plus complètement qu'aucun d'entre eux. Il a tout fait, à la radio. Et il l'a pratiquée un peu partout, à Québec, à New-Carlisle, à Hull, dans plusieurs stations de Montréal. La radio était en quelque sorte son élément naturel et c'est là, me semble-t-il, qu'il a été le plus heureux, enfin aussi heureux que pouvait l'être cet homme inquiet, intérieurement agité, avide de succès, beaucoup moins sûr de lui-même qu'il ne voulait en donner l'impression. Il n'était pas homme à travailler chez lui pendant des semaines, des mois, des années, à fignoler son *Guerre et Paix.* Doué d'une prodigieuse faculté d'invention, il aimait fabriquer des textes, beaucoup de textes, et que ça sorte, et que ça frappe l'auditeur, le lecteur.

La radio lui a donné autre chose : la voix, le sentiment profond de la voix, la maîtrise de la voix. Les personnages de Thériault s'expriment parfois de façon grandiloquente — on notera que ce romancier populaire n'a utilisé la langue populaire qu'avec parcimonie, et jamais le *joual* —, ils vaticinent volontiers, mais jamais ils ne nous écorchent les oreilles, comme tant de leurs collègues, par un langage déplacé, faussé. Il y a une musique, un rythme. Ça entre facilement dans l'oreille, ça crée entre l'écrivain et son lecteur une complicité, une entente justement, qui n'a cure des petites précisions locales du réalisme. Édith la « fille laide », Aaron, Agaguk, Ashini, le Burlon des *Commettants de Caridad*, tous parlent la même langue, ils parlent Thériault, et c'est par là qu'ils sont vrais, d'une vérité tout autre qu'anecdotique.

J'ai connu Yves Thériault, si je me souviens bien, peu après la parution de *La Fille laide*. J'avais fait de ce roman, dans *Le Devoir*, une critique élogieuse. Thériault en avait-il été content ? Pas sûr. Il en voulait toujours plus, il avait un besoin énorme d'éloges, d'assurances. Nous sommes devenus un peu amis, pendant quelques années. Je dis un peu, parce que Thériault n'était pas un homme très commode — et peut-être ne l'étais-je pas moi-même. De plus, j'étais un enfant du cours classique, et lui se donnait le rôle de l'écrivain du Danube, de celui qui a tout appris par lui-même et se trouve constamment en butte aux remarques mesquines des intellectuels patentés. La brouille devait se produire ; elle vint. Il m'avait fait lire le manuscrit de ce qui allait devenir *Aaron*, un de ses plus beaux romans. Dans cette première version, l'action était plus complexe que dans l'ouvrage publié ; Thériault mettait son personnage juif en contact avec la société canadienne-française par l'intermédiaire d'un frère enseignant, et par là encore il innovait, car ce dernier personnage n'existait encore, dans notre roman, que comme caricature. Je me déclare enchanté ; j'ajoute que, n'est-ce pas, il faudrait nettoyer un peu la langue.

Là-dessus, Thériault s'en va passer un an ou deux en Italie (qu'était-ce pour lui que l'Italie ? Quel besoin en avait-il ? Je ne l'ai jamais su) et c'est là qu'il termine *Aaron,* amputé du frère enseignant. J'écris une critique favorable, que je termine par quelques réserves sur la langue de l'ouvrage.

Patatras !

D'Italie, où il se trouve encore, Thériault m'écrit une lettre indignée. Il n'a retenu de mon article que les réserves de la fin. Il me dit que j'ai tort, que la correction linguistique est sans failles, et que si j'ai fait les remarques susdites, c'est que… Il me lance à la tête une accusation dont je n'ai que faire. Nous nous reverrons, bien sûr, au gré des hasards de la vie littéraire, mais nous serons désormais, l'un et l'autre, sur nos gardes.

Yves Thériault n'aimait pas la critique. À vrai dire, aucun écrivain bien né n'aime la critique mais Thériault la trouvait insupportable — sauf lorsqu'elle le couvrait de louanges. Il entendait jouer son jeu avec les lecteurs directement, sans intermédiaires. Un jeu, oui. Ses livres sont des *coups.* Il n'aime rien tant que prendre son lecteur par surprise ; et les critiques, on le sait, n'aiment rien moins que les surprises. Ah ! vous croyiez que j'étais un auteur de récits paysans à la Ramuz, à la Giono ? Attendez un peu, je vais vous trousser un roman de village et de scandales, *Les Vendeurs du temple* par exemple, qui fera du bruit dans les chaumières. Bon, le grand succès n'est pas au rendez-vous, passons à autre chose. *Aaron* par exemple ; un roman juif comme si vous y étiez, précurseur étonnant des préoccupations multiculturelles qui allaient · envahir la scène québécoise quelques lunes plus tard. Prophète une autre fois, Thériault créera des personnages esquimaux plus vrais que nature dans son plus grand succès, *Agaguk.* Il est vrai qu'*Agaguk* était une commande et que pour l'écrire dans les délais prescrits, le romancier a transposé dans le Grand Nord un manuscrit dont l'action se passait… dans le sud des États-Unis ! Mais la passion des *coups* n'exclut ni la sincérité, ni la profondeur à l'occasion, ni la réussite esthétique. Elle ne les garantit pas non plus, et au cours de sa carrière Yves Thériault a accumulé presque autant d'échecs (mérités parfois) que de réussites. Il ne se laissait pas engluer dans les premiers et ne se complaisait pas longuement dans les deuxièmes. Réussites, échecs, tout cela faisait partie du jeu. Par-dessus la tête des critiques, Thériault visait le lecteur ordinaire, celui qui déjoue souvent les manœuvres de la stratégie littéraire. Il a été un des écrivains les plus lus du Québec.

Mais cet écrivain populaire, ce discuteur, ce bagarreur, cet aventurier de l'écriture, pourquoi ne puis-je l'imaginer que comme un homme seul ? La dernière fois que je l'ai rencontré, c'était à la réception qui précédait la remise du Grand Prix de la Ville de Montréal, aux temps fastueux du maire Drapeau. Côté santé, ça n'allait pas très fort. Pendant des années, il avait tenté d'épouvanter ses amis en leur racontant des histoires de maladies qui se prolongeaient bien au-delà du vraisemblable. Cette fois, c'était plus sérieux. Il faisait front, dans sa chaise roulante. Il était aussi volubile qu'aux meilleures années, riant, racontant des histoires. Il était venu de Rawdon, où il vivait dans une demi-retraite depuis quelque temps, parce qu'il avait été désigné comme un des finalistes du Prix. Il comptait bien le recevoir, sans doute, et pourquoi pas, n'était-il pas Yves Thériault ? Je savais déjà, moi, qu'il ne l'aurait pas, que le Prix irait à un autre, et même, horreur, à un critique littéraire. Je ne pouvais pas le lui dire et j'avais un peu honte de le laisser espérer ; j'avais le sentiment, en me taisant, de lui mentir. Je ne l'ai pas revu après la proclamation. Je l'imagine retournant à Rawdon un peu plus fatigué, amer sans doute, remâchant des griefs contre la critique que l'événement avait à juste titre ravivés, retournant au seul univers dans lequel il pouvait vivre vraiment, l'univers de ses récits, de ses contes.

Contes pour un homme seul : ce pourrait être, aussi, le titre de sa vie.

1992

9

Trois phrases de Pierre Vadeboncœur ✓

J'ai devant moi, sur mon bureau, une sorte de colonne, un peu intimidante, qui est faite des livres de Pierre Vadeboncœur, depuis *La Ligne du risque,* paru en 1963, jusqu'au tout dernier. Il y en aura d'autres, j'en suis sûr, parce que le propre de l'œuvre de Vadeboncœur, aventureuse, passionnée, est de rebondir sans cesse, et l'on ne voit pas comment cela pourrait s'arrêter. Je parlais d'une colonne ; l'image d'un cours d'eau serait plus juste, tellement cela coule naturellement, malgré ou plutôt *avec* des différences, des nuances — puis tout à coup des embâcles, ou au contraire des précipitations. Mais ce sont bien toujours les mêmes eaux. Vous lisez son premier livre, *La Ligne du risque,* et vous y rencontrez déjà les thèmes qui se développeront dans la vingtaine qui suivra : par exemple, des « réflexions sur la foi » (supprimées dans la réédition en livre de poche) qui préfigurent les grands développements, de plus en plus audacieux, qu'on lira dans *Les Deux Royaumes,* les *Essais sur la croyance et l'incroyance* et *La Clef de voûte.* Des attaques virulentes contre le syndicalisme américain et les États-Unis dans leur ensemble. Des appels au renouvellement en profondeur de la culture québécoise — mais la réflexion passionnée sur l'expérience artistique n'est encore qu'esquissée. La question nationale non plus n'est pas abordée clairement, bien que Fernand Dumont, dans la préface de l'édition de poche parue une trentaine d'années plus tard, déclare que « le plaidoyer pour l'indépendantisme » y était « en germe ». Vadeboncœur vient de *La Nouvelle Relève,* de *Cité libre* — où il a travaillé avec Pierre Elliott Trudeau notamment, à qui il fera plus tard la vie dure, avant une réconciliation qui aura lieu peu avant le décès de l'ex-premier ministre du Canada —, et *La Ligne de risque* paraîtra aux Éditions HMH, dans une collection qui a déjà accueilli le grand livre de Jean Le Moyne, *Convergences*. Il va sans dire qu'entre ce dernier et le nationaliste passionné que deviendra Vadeboncœur quelques années plus tard, les relations et les concordances seront à peu près nulles, sauf peut-être dans l'inspiration spirituelle, d'ailleurs marquée différemment chez l'un et l'autre écrivain.

J'ai lu, si j'en juge par la place qu'occupe son œuvre dans ma modeste bibliothèque, tous les livres de Pierre Vadeboncœur, l'un après l'autre, fidèlement, parfois un peu *sonné*, je l'avoue, par la virulence de ses propos indépendantistes mais de plus en plus séduit par l'audace intellectuelle, la profondeur et — surtout, peut-être ? — la richesse d'une écriture extrêmement personnelle dans ses propos sur l'art, le spirituel, ce qu'il appelle la « foi ». En fait, il me semble que c'est seulement depuis ses derniers livres, et particulièrement un *Rimbaud* admirable de pensée et de passion, que je suis entré vraiment dans l'œuvre de Pierre Vadeboncœur. J'ai écrit plusieurs comptes rendus de son œuvre. Aujourd'hui, je prends le parti de l'incomplet, je me fais, influencé sans doute par l'auteur, lecteur outrageusement partial et surtout partiel. Je me contenterai de commenter trois petites phrases qui, au cours de ma relecture de quelques livres, m'ont de nouveau surpris, entraîné dans les aléas du commentaire. Je m'y crois autorisé par la dédicace écrite par l'auteur dans mon exemplaire de *La Ligne du risque*, et qu'on me pardonnera de citer ici : « À Gilles Marcotte, ces essais, qui sont véritablement des "essais". » Encore faut-il entendre par ce mot « essai », chez Vadeboncœur, un autre sens que celui dans lequel on l'entend généralement, celui d'une étude qui n'est pas soumise aux exigences contraignantes de l'argumentation, plutôt une réflexion libre, voire aventureuse, faisant appel à l'affectivité autant qu'à la pensée. Cette appellation convenait au premier livre. Elle s'appliquera de plus en plus aux travaux ultérieurs de Pierre Vadeboncœur.

« Le moi est celui qui est peu. »

Cette phrase m'étonne, doit m'étonner. Quelle œuvre québécoise, plus que celle de Pierre Vadeboncœur, s'appuie sur le moi, tourne autour du moi ? La plus grande partie de son œuvre, et particulièrement des livres de la fin — je pense particulièrement au *Bonheur excessif,* à l'*Essai sur une pensée heureuse,* aux *Essais sur la croyance et l'incroyance* et surtout à *La Clef de voûte* — peut sembler contredire cette affirmation. La première personne y apparaît fréquemment : « Depuis plusieurs années je me libère », « Cela ne m'intéresse pas », « Je sais, sans pouvoir le démontrer », « Je ne vous dis pas cela », « J'aimais de plus en plus ce portrait »… Mais, en fait, cette prolifération de la première personne ne constitue pas chez Vadeboncœur une simple revendication de la subjectivité, un repli sur soi, elle dit au contraire le refus du discours de pouvoir, orgueilleusement rationnel, de la démonstration abstraite, à prétention scientifique. Depuis que les universitaires l'ont confisqué, l'essai s'est donné des airs. Il faut, en lisant le mot « essai » chez Vadeboncœur, lui redonner, malgré sa coloration souvent polémique, le sens d'un discours risqué, presque outrageusement personnel, qui ne serait pas très éloigné de celui de Montaigne. C'est un écrivain qui nous parle, non pas un théoricien, non pas un spécialiste ; c'est-à-dire un homme qui assume les aléas de l'écriture, et l'écriture, la véritable écriture ne peut être que le fait d'une personne.

Mais alors, ce « moi… qui est peu » ? Et cette autre petite phrase, que je rencontre chez Vadeboncœur : « Je suis peu de chose » ? L'écrivain n'est-il pas au contraire celui qui, par définition, se gonfle le « moi » ? Il y a, dans la confrérie, des comédiens de cette sorte. Vadeboncœur n'en est pas. Il sait qu'il n'est pas un porteur de vérités. Il le dira fortement quand il écrira avec de plus en plus de force et de confiance, dans la dernière partie de son œuvre, le mot « foi », qui dans son vocabulaire ne peut être utilisé pour quelque valorisation personnelle. La « foi » — je mets le mot entre guillemets pour bien souligner que nous ne sommes pas chez les théologiens — ne peut être qu'un abandon, un pari, un risque. Oserai-je parler d'humilité ? Dans un des plus beaux chapitres de ses *Essais inactuels,* Pierre Vadeboncœur rapporte la surprise heureuse d'une nouvelle visite à la prestigieuse église Notre-Dame de Paris. « Ce vaste monument, dit-il, respirait l'humilité. »

« L'art, bon gré mal gré, devra comparaître. »

« Tout est de l'art… » On lit cela dans un des plus beaux livres de Pierre Vadeboncœur, *L'Absence.* Il s'agit bien de l'art au sens ordinaire du mot, c'est-à-dire des arts plastiques, au premier chef la peinture, le dessin, qu'il a pratiqués lui-même dans l'intimité. L'art, c'est aussi la littérature ; la poésie d'abord, et l'on se souviendra des pages admirables, passionnées — mais tout ne l'est-il pas chez Vadeboncœur ? — qu'il a écrites sur Saint-Denys Garneau, découvert au début de sa vingtième année et jamais quitté, et plus tard sur Gaston Miron, sur Rimbaud. Le roman le séduit un peu moins, bien qu'il ait consacré de belles pages à celui d'André Major, *L'Épouvantail,* et à l'œuvre de Jacques Ferron. Je cite des auteurs québécois, mais Vadeboncœur se donne également des interlocuteurs d'art et de pensée dans la littérature française de son temps, les Claudel, Péguy, Rousseau, Camus, entre autres. Il n'est pas homme à s'entourer de clôtures.

Traduirons-nous le début de phrase cité plus haut, en inversant les termes, par : l'art est le tout ? Cette forme d'idolâtrie serait le contraire même de la pensée de Vadeboncœur. Il y a quelqu'un, ici, dans le deuxième chapitre de *L'Absence,* qui non seulement prend la parole mais l'adresse à quelqu'un, à une femme, en même temps qu'il lui dédie le portrait qu'il fait d'elle, qui est peut-être la « deuxième personne » du sous-titre. C'est la première fois, me semble-t-il, que Vadeboncœur se montre, s'analyse lui-même faisant de l'art, et le faisant pour quelqu'un, « sans égard au peu de valeur du résultat », ajoute-t-il modestement. Le portrait qu'il dessine de la femme aimée, comme les lettres qu'il lui envoie, relève bien de l'amour, mais d'un amour qui n'est pas celui de la proximité, de la possession, de la présence, qui au contraire s'accomplit dans l'absence, ou dans ce que Vadeboncœur appelle l'« imparfait ». « Écrire un roman, écrit-il encore — mais aussi bien une lettre, un poème —, c'est comme prier et c'est comme peindre : c'est laisser entrer l'inconnu à pleine porte... » Les lettres mêmes, c'est-à-dire la correspondance, « font le pont avec l'éternité ». Enfin : « Il n'y a que la foi. Rien de plus. » La foi — ce qui seul donne valeur à l'art — se nommait dans le premier livre publié de Pierre Vadeboncœur, *La Ligne du risque,* comme elle s'écrira avec une insistance renouvelée dans *La Clef de voûte* en 2008.

Mais voici peut-être une limite : l'art, écrit Vadeboncœur dans *Le Pas de l'aventurier — À propos de Rimbaud,* le seul livre qu'il ait consacré tout entier à un écrivain, un poète, un peintre ou un romancier, « bon gré mal gré, devra comparaître ». Qu'entendre par là ? Au sens obvie : l'art devra se présenter, comme un accusé, devant « le tribunal de la réalité ». Et il sera condamné, condamné par lui-même, par la « contradiction où il s'est trouvé » entre son désir d'absolu et son besoin de réalité. Nous avons pu croire, en lisant les livres précédents de Vadeboncœur, qu'entre l'art et l'absolu le don était réciproque. Or voici que dans une sorte de désarroi il découvre par l'œuvre de Rimbaud qu'une « faille » se trouve là, entre vérité et littérature, qu'il n'avait pas imaginée. Tous n'en sont pas victimes, et curieusement, malgré son impitoyable analyse, Vadeboncœur en exempte son ami Gaston Miron. Il ne cesse pourtant, dans son ouvrage, de démontrer par l'exemple de l'auteur d'*Une saison en enfer* que la littérature — depuis Rimbaud, ou à cause de Rimbaud ? — est devenue « attaquable ». « L'art, dit-il, n'est pas au faîte. Une supériorité peut encore le dominer. » \

La conclusion est saisissante, si l'on pense à la croyance — plus souvent il dit « foi » — que Vadeboncœur a investie dans l'entreprise esthétique. « L'œuvre, écrit-il à propos de

Rimbaud, nous reste sur les bras », et il ajoute, pour que ce soit tout à fait clair : « ce qui est contraire à sa destination et donc paradoxal ». Paradoxal, seulement ? C'est d'une tragédie que parle Vadeboncœur en quittant Rimbaud, en avouant ce grand, cet *incroyable* abandon. Il serait donc possible, après avoir tout misé sur l'art, de perdre tout ce que portait l'art ?

« La preuve par Beethoven. »

Cette formule étonnante se trouve dans un des derniers livres de Vadeboncœur, le plus difficile, non seulement au sens courant de l'adjectif, mais par les profondeurs où il nous entraîne, par les contradictions que sans cesse il noue et dénoue : *Essais sur la croyance et l'incroyance*. Dans ce titre apparemment si simple, Vadeboncœur ne fait pas que reprendre l'opposition traditionnelle entre croyance et incroyance, foi et incrédulité. Il additionne au contraire ces mots apparemment ennemis, pour suggérer un au-delà où pour ainsi dire ils ont tous deux droit de cité. Il en va de même pour l'étonnante formule qui m'arrête au deuxième chapitre : « La preuve par Beethoven ». La musique, cela va sans dire, est inapte à la preuve, et la preuve n'a en elle-même rien de musical. Mais, dans ce chapitre consacré à Beethoven, voyez comme le mot « preuve » ne cesse d'apparaître. « Beethoven. S'il est quelqu'un qui ait rempli le monde, apparemment béant, d'une présence universelle et d'une surabondance de signes qui sont comme des *preuves* (je souligne) tant il existe… » Des preuves de quoi, demandera le sceptique ? Il n'obtiendra pas de réponse, la preuve est totale comme ce qu'elle prouve. « De cette évidence (« la plénitude de l'être »), écrit Vadeboncœur, il ne reste que la trace, la *preuve* du passage. » Pierre Vadeboncœur sait bien que la *Neuvième* de Beethoven n'est pas véritablement une preuve au sens argumentatif du mot. De quoi témoigne-t-elle donc ? On pourra répondre qu'elle atteste la présence de ce deuxième Royaume dont, depuis ses premiers livres, Pierre Vadeboncœur affirme

le pouvoir. La musique prouve en nous délestant des nécessités, du fardeau de la preuve.

Mais assez discuté. Il faut laisser le dernier mot à Vadeboncœur. « J'extrapole, dit-il, mais jamais assez. » Et je l'entends rire, de ce petit rire soudain qui revendique le privilège
de la pensée libre, refusant toutes limites. Oui, il y a du rire, ou
du sourire si vous préférez, chez Vadeboncœur, on ne l'a peut-
être pas assez remarqué. C'est avec une sorte de gaieté qu'il
affirme, puis va plus loin, se voyant lui-même exagérer, traversant la ligne du risque.

2008

10

Journal d'un « dénouement »

(Fernand Ouellette)

Quand paraît en 1974 le *Journal dénoué* de Fernand Ouellette, il n'a pas de quoi déconcerter, semble-t-il, le lecteur qui a connu les dernières années de la « grande noirceur » et les effets de la Révolution tranquille. Un jeune homme, élevé dans la serre chaude du catholicisme institutionnel, se croit voué à une destinée purement spirituelle et se prépare à devenir religieux, capucin, en étudiant au Collège séraphique d'Ottawa. Il y a, en effet, du séraphique en lui : le monde matériel existe à peine à ses yeux et il lui paraît que les corps ne sont faits que pour être aussitôt sublimés, transportés sur quelque autre plan de réalité. Il s'était donné aussi complètement que possible au célibat et à la pauvreté sous toutes ses formes, mais quel mystérieux instinct l'avertit tout à coup qu'il fait fausse route, qu'il ne trouvera pas au Collège séraphique cela même pour quoi il y était entré ? Le voici donc revenu à Montréal, ayant tout à apprendre. Il croyait pouvoir se passer de la chair ; il la découvre avec ivresse, dans les livres aussi bien que dans la vie. Il devient à lui-même son propre collège, se donne des programmes de lecture qui n'ont guère à voir avec ce que lui proposaient ses professeurs. Aussi bien ne peut-il que s'éloigner de l'Église, et il cessera bientôt toute pratique religieuse. Il se libère, dirons-nous pour reprendre l'expression obligée et suivre l'auteur lui-même dans la description qu'il fait de son évolution. Il accède à la maturité, il devient vraiment adulte. Le jeune homme timide, le rêveur, l'« ange de sang », selon le titre de son premier recueil de poèmes, s'intéressera même à la dimension sociale du problème humain, non seulement dans son milieu mais également sur le grand théâtre de l'actualité internationale.

Journal dénoué : journal d'un dénouement, d'une libération, d'une ouverture. À combien d'exemplaires le cheminement décrit par Fernand Ouellette n'a-t-il pas été vécu, durant les années parcourues par son livre ? Il s'agissait, n'est-ce pas, de jeter aux orties tout un système d'empêchements, d'interdits et de céder séance tenante aux invites de l'existence, de vivre pleinement sa vie. Mais, pour peu qu'on le lise avec attention, le *Journal dénoué* présente de singulières anomalies par rapport à ce schéma de libération. Celui qui lit passionnément Henry Miller, qui entre en correspondance avec lui et célèbre à sa suite les gloires de l'érotisme, se propose en même temps la fidélité amoureuse. Il s'éloigne de la pratique religieuse ? Sa foi dans le Christ n'en devient, semble-t-il, que plus vive. Loin de s'abandonner aux sollicitations d'un agnosticisme paisible, il laisse s'exaspérer son mysticisme, et les critiques de *La Barre du jour* auront beau jeu, durant les années soixante-dix, de l'accuser d'idéalisme. Impossible de faire de l'auteur du *Journal dénoué* un progressiste bon teint, un moderne selon les définitions convenues ; impossible aussi bien de le rejeter dans les ténèbres extérieures du conservatisme si l'on pense à ses amitiés avec Henry Miller, Pierre Jean Jouve et Edgard Varèse, aux poèmes de *Dans le sombre* et à tant de prises de position éclatantes, par exemple sur la lutte des langues au Québec, le terrorisme, les dictatures de droite et de gauche. Fernand Ouellette est un véritable témoin du Québec de la Révolution tranquille dans la mesure où, effectuant une libération qui est pour les traits généraux celle de toute une génération, il n'accepte pas d'y engloutir toutes ses valeurs personnelles et de se résigner aux petites libertés qui parfois tinrent lieu de pensée et de croyance durant cette époque. Son histoire n'est pas celle de la commune mesure ; elle est outrageusement personnelle, bien décidée à trouver son propre chemin dans les remous de l'histoire. Il y a plus d'une façon de faire la révolution, tranquille ou non. On peut sortir de la maison, mettre la clef sur la porte, s'en aller sur la pointe des pieds en laissant peut-être à l'intérieur une bombe à retardement. On peut aussi décider de la transformer, sommer la tradition de donner ses raisons, réinventer les intentions qui la créèrent et qu'elle a laissées s'affadir. La fidélité amoureuse dont parle Ouellette, on en conviendra, ne ressemble pas plus au divorce à la demande qu'aux habitudes matrimoniales célébrées par les idéologues du mariage chrétien, et sa foi n'a rien d'une procession de la Fête-Dieu. Le texte que nous avons sous les yeux nous montre que le combat mené par Fernand Ouellette est peut-être le plus dur, qui vise à faire renaître les réalités sous les étiquettes défraîchies. Comment faire l'expérience de la foi dans un milieu qui ne semble en avoir que pour la croyance ? Comment vivre la fidélité quand tout, autour de soi, la confond avec l'immobilisme, le sacrifice des ambitions les plus légitimes de la personne ?

On pensera aux écrivains de la revue *La Relève,* les Saint-Denys Garneau, les Jean Le Moyne, les Robert Élie, qui durant les années trente se posaient des questions semblables. Mais Fernand Ouellette ne se reconnaît pas chez ces aînés, et on lit même dans le *Journal dénoué* des phrases très dures sur le poète du groupe, Saint-Denys Garneau, un refus terriblement décidé, presque violent, qui est chez lui assez exceptionnel :

> Dès ma première lecture de Saint-Denys Garneau, j'avais réagi contre lui. C'était un poison dont je ne voulais guère. Je crois que mon refus instinctif de ce poète était le signe d'une évolution significative. Tout confirma par la suite sa concrétion et son irréversibilité. Tout, s'il le fallait, plutôt que l'échec de Saint-Denys Garneau. Il valait mieux plonger aux enfers. Il valait mieux que la femme m'amputât de mes ailes. Il valait mieux tout remettre en question. Tout, excepté cette incapacité de vivre.

Je ne suis pas sûr qu'aujourd'hui Fernand Ouellette rejetterait avec la même violence l'œuvre de Saint-Denys Garneau, mais il ne voudrait pas désavouer les raisons qui l'amenèrent autrefois à s'en éloigner. Tout ce qui présentait ne fût-ce que l'apparence de la demi-vie, de la mutilation par la peur, du sacrifice irraisonné de l'énergie amoureuse devait être rejeté sur-le-champ, sans réserves. Il fallait vivre pleinement et sa vie et son œuvre, et surtout ne pas sacrifier la première à la seconde. À cet égard, Fernand Ouellette est le parfait représentant d'une génération — disons celle de l'Hexagone mais donnons-lui d'assez larges dimensions — qui, au cours des années cinquante, rêve d'action, de construction, de durée. Mais ce rêve, il le trahit d'autre part par l'excès du désir, qui le fait sans cesse dépasser le but. Il est celui qui en fait toujours trop, et c'est peut-être dans son rapport à la culture que les effets de ce débordement sont le plus visibles. Bien que les lectures dont il nous entretient dans le *Journal dénoué* soient en partie exigées par ses travaux pour Radio-Canada, la façon dont elles se succèdent et s'accumulent donne l'impression d'une voracité jamais satisfaite : « Puis j'ai lu Rilke, Charles Cros, Milosz, Élie Faure, la correspondance d'Héloïse et d'Abélard, les *Hymnes* et les *Élégies* de Hölderlin » ; « Après Neruda, je passai… » ; « À la fin de 1957, je me tournai vers l'œuvre de Blaise Cendrars » ; « Après la rédaction d'essais sur Léon Bloy et T. S. Eliot, je commençai une lecture de Maïakovski, Tagore et Neruda » ; « Après une étude de Drieu la Rochelle, je passai à l'œuvre de James Joyce » ; « En septembre 1963, je commençai une lecture des œuvres de Kierkegaard » ; « Après avoir lu *La Source grecque* de Simone Weil… » Tous les noms qu'il cite dans le *Journal dénoué* ne constituent pas la bibliothèque la plus personnelle de Fernand Ouellette, mais ils désignent à tout le moins le niveau où il veut se mouvoir, travailler, vivre. Au Québec, il a des amis, dont il recueille soigneusement les noms ; mais quand il lit, c'est avec les plus grands de la littérature occidentale qu'il a commerce : avec un Kierkegaard par exemple qu'il commente durant plusieurs pages, nous offrant là un modèle particulièrement éloquent du genre de lecture qu'il aime pratiquer, une lecture dialoguée, *à partir de,* plus passionnée qu'analytique, par laquelle il cherche à se reconnaître lui-même dans l'autre plutôt qu'à résumer simplement une pensée. Mais j'y reviens, ce qui étonne particulièrement dans ces comptes rendus de lectures, et bien qu'ils soient pour une part commandés, c'est la quantité, on oserait dire la fringale. On ne soupçonnera pas Fernand Ouellette de vouloir faire de l'épate. En cette matière comme dans toutes les autres il est d'une franchise, voire d'une candeur totales. Il nous dit : voyez comme j'ai dû lire, lire sans cesse et je n'ai pas encore fini, pour me donner le droit et les moyens de penser, pour devenir un intellectuel, un poète, un homme. Il y a là une apparence de contradiction : voici quelqu'un qui nous annonce son intention bien arrêtée d'échapper aux pièges de l'angélisme, de l'abstraction et qui n'a rien de plus pressé que de se plonger dans les livres. Mais ce paradoxe n'existe qu'en regard d'une conception dichotomique de l'esprit et de la chair, de la nature et de la culture, que Fernand Ouellette ne reconnaît évidemment pas. La culture, la grande culture comme on l'appelle dans certains milieux avec un sourire en coin, est pour lui une des conditions essentielles de son humanisation. Il ne la cache pas sous le boisseau ; il la montre, il s'en sert, il la communique. Elle lui a coûté très cher. Elle ne lui est pas venue en héritage. Il a dû la conquérir, livre après livre. Cela ne s'oublie pas.

Aussi bien le voit-on dévoré d'impatience, comme s'il était toujours menacé de retomber dans une sorte de disette première. Il est assez rare que le rythme du texte se relâche pour suggérer des arrêts, des plages méditatives. L'auteur du *Journal dénoué* est l'homme de la fulgurance plutôt que celui de la méditation longtemps poursuivie. Le temps qu'il a passé à lire, à prendre des notes, à réfléchir se contracte dans son livre au point de donner l'impression d'une hâte fébrile. Il semble être toujours sur le point de passer à autre chose. Combien de fois le mot « aussitôt » ne revient-il pas sous sa plume ! « Au mois de mars, j'écrivais ma premier lettre à Miller et il me répondit. Cet échange de lettres dura environ six ans. Presque aussitôt je relus son œuvre en prenant deux cents pages de notes. »

Même soudaineté dans l'ouverture des rapports avec le musicien Edgard Varèse : « En avril 1957, je reçus le choc de l'œuvre de Varèse. C'est Henry Miller qui, par les pages passionnées de son *Cauchemar climatisé*, me donna le besoin d'aller à Varèse. Ayant reçu, grâce à Miller, l'adresse du compositeur, j'écrivis à celui-ci afin qu'il m'envoie son premier microsillon. Ce qu'il fit aussitôt. » Sur Varèse, encore : « Je fus fasciné par sa personnalité, comme je l'avais été par sa musique. J'eus aussitôt l'idée d'un numéro spécial de la revue *Liberté,* qui lui serait consacré. » Imagine-t-on ce qu'il fallait d'audace à un jeune Québécois de l'époque pour entreprendre de telles démarches, pour se lancer dans une entreprise aussi délicate et complexe qu'une biographie de Varèse ? Une bonne dose de naïveté aussi, sans doute. Là-dessus, Fernand Ouellette fera toutes les confessions qu'on voudra. « Comprimé entre l'extase et l'opacité, écrit-il, j'ai appris à me moquer de la crainte du ridicule. J'ai habitué mon intelligence à faire des sauts, à prendre des risques, à marcher comme un funambule. »

On peut sourire parfois devant certains accès de candeur de l'écrivain, lorsqu'il roule à tombeau ouvert sur les autoroutes de la culture ou qu'il évoque les émois de la chair. Mais peut-on être sûr qu'il ne l'ait pas fait avant nous et qu'il ait été inconscient des risques qu'il prenait en abattant son jeu de cette façon ? Fernand Ouellette, dans le *Journal dénoué,* occupe toute la scène. Il pourrait sans doute, s'il le voulait, se dissocier du jeune homme qu'il fut, et dont il cite longuement le journal — car le livre s'écrit à deux niveaux, celui du récit autobiographique rédigé à quarante ans et celui du journal intime de la vingtaine —, mais il a décidé une fois pour toutes d'être entièrement lui-même et de s'accepter dans tous ses âges, toutes ses errances ou ses erreurs. « J'acceptais, écrit-il, mon *innocence.* » Cette phrase est pour moi la phrase-clé du livre, la plus audacieuse. Là se brise le miroir de Narcisse, qui est l'accessoire obligé de tout écrit sur soi. L'*innocence* dont il est question dans cette phrase n'a rien à voir avec quelque sentiment de paradis qui ferait l'économie de la responsabilité, de la faute; on sait à quelle profondeur l'auteur du *Journal dénoué* se laisse atteindre par le mal du monde. Elle est l'autre nom d'une intégrité de l'être qui se reconnaît moins comme une conquête, une fabrication personnelle, que comme un don. J'« acceptais », dit-il. Cela suppose un désistement, un *vœu de pauvreté* dont Fernand Ouellette avait rencontré la forme radicale chez François d'Assise et qui est bien le sacrifice le plus lourd qui soit demandé à un jeune Québécois nourri dans le sérail de la culpabilité. Quand on s'accepte ainsi, dans une telle *innocence,* on peut discuter avec Kafka ou Kierkegaard, correspondre avec les grands créateurs que sont Miller, Jouve, Varèse, sans craindre de ne pas être à la hauteur : on n'a vraiment rien à perdre.

Ce livre raconte, en même temps qu'une marche difficile et passionnée vers la culture, vers la liberté de conscience, une histoire qui est celle-là même de son élaboration, celle d'une conquête de la prose. Fernand Ouellette avait déjà réuni des essais remarquables dans *Les Actes retrouvés* (1970), publié *Edgard Varèse* (1966) et *Depuis Novalis* (1973), mais il me semble qu'ici plus qu'ailleurs, en faisant dialoguer son écriture d'autrefois et celle de sa maturité, il fait voir quels sont pour lui les enjeux de la prose d'idées, les responsabilités, les risques qu'elle entraîne. Il vient de la poésie comme de son lieu de naissance, et l'on dirait parfois qu'il doit s'en extraire violemment pour arriver aux paysages plus lisses de la prose. Rares sont les poètes québécois de sa génération qui ont fait le passage ou l'ont fait de façon aussi décidée, complète, aventurée, jusqu'au prosaïsme même. Fernand Ouellette s'est fait prosateur par nécessité morale plus qu'esthétique, pour rendre compte, intervenir, témoigner. Mais je ne crains pas de dire que sa poésie en a reçu bénéfice, et que sans l'expérience de la prose nous n'aurions pas eu les grands livres que sont, entre autres, *Dans le sombre* et *Les Heures,* où sans rien perdre de son autonomie le poème accueille les leçons du quotidien.

1988

11

Jacques Brault en 1965

L'année 1965, où paraît le premier grand livre de Jacques Brault, *Mémoire,* est une année agitée — comme d'ailleurs ses voisines, en amont et en aval. Elle se situe au milieu d'une Révolution tranquille qui devient de moins en moins tranquille, avec son idéal séparatiste, ses manifestations bruyantes, ses quelques bombes, ses mouvements sociaux. C'est aussi l'entrée des « trois colombes » en politique fédérale, le rapport de la commission Laurendeau-Dunton sur le biculturalisme et le bilinguisme, quelques manifestations assez violentes contre la reine et la Confédération, la fondation d'un Mouvement de libération populaire comme il y en a un peu partout dans le monde. Car il se passe des choses également aux États-Unis, où la guerre du Vietnam ne fait pas que des heureux, et en France, où l'on marche allègrement vers 1968.

Je donne ces quelques indications pour évoquer un climat, un désir effréné de rupture, à tout le moins un espoir de renouveau. Non seulement la littérature québécoise a changé de nom — elle s'appelait quelques années auparavant, je le rappelle, la littérature canadienne-française — mais, par exemple, dans le numéro spécial de *Parti pris* intitulé « Pour une littérature québécoise », elle se donne également une vocation proprement politique. Jacques Brault a d'ailleurs publié dans cette revue, dès sa fondation en 1963, un large extrait de *Mémoire.* Quand le livre paraît, deux ans plus tard, il est remarquablement entouré. Trois romans paraissent qui, chacun à sa façon, font l'effet de bombes : le *Prochain épisode* de Hubert Aquin, où la révolution fantasmée joue un premier rôle, *L'Incubation* très « nouveau roman » de Gérard Bessette et *Une saison dans la vie d'Emmanuel* de Marie-Claire Blais qui portera jusqu'en France, et jusqu'au prix Médicis pour être précis, le message de la nouvelle littérature québécoise. En poésie, cinq titres, choisis non pas tout à fait au hasard. En premier lieu, des œuvres de forte majorité : *L'Âge de la parole,* où Roland Giguère rassemble ses poèmes écrits de 1949 à 1960, ce titre étant interprété, selon l'esprit du temps, comme une invitation au déferlement de la parole, et ces grands livres de poésie que sont *Le Soleil sous la mort* de Fernand Ouellette et *Pour les âmes* de Paul-Marie Lapointe. Chez les jeunes poètes, disons les révolutionnaires, *L'afficheur hurle,* deuxième recueil de Paul Chamberland, dont le titre évoque les fureurs iconoclastes de *Parti pris,* et enfin, dans la marge pour ainsi dire, le *Je* de Denis Vanier, préfacé par Claude Gauvreau, annonciateur de la « nouvelle culture », la culture d'acide, où l'on entend tout de même des échos du lamento partipriste, témoin ce petit poème intitulé « Hiver » : « Nous sommes morts / pays de froid / sillons de néant glacé / à l'enchevêtrement des nuits crispées / peuple à effluves de frimas. »

Telle est la scène sur laquelle paraît en 1965 le *Mémoire* de Jacques Brault. Comme on l'a déjà indiqué, un des poèmes les plus importants de ce livre, « Suite fraternelle », a déjà paru dans la revue *Parti pris* en 1963, et c'est justement cette date que l'auteur donne comme fin au travail du recueil. Mais la date inaugurale, 1943, n'est évidemment pas celle du commencement de son écriture. Tout au plus peut-on imaginer que ce poème de la mort du frère, Jacques Brault l'a porté en lui-même pendant plusieurs années. L'écriture a d'ailleurs pris chez Brault des formes diverses durant cette période : en 1957, des poèmes dans *Trinôme,* recueil collectif qu'il publie avec Richard Pérusse et Claude Mathieu, et en 1963 un autre recueil collectif, de nouvelles cette fois, avec André Major et André Brochu, qui porte simplement le titre du genre. Oserons-nous dire que ce sont là les gammes de l'écrivain en devenir ? Mais il est déjà entièrement présent dans quelques

phrases, celles-ci par exemple qui ouvrent la nouvelle intitulée
« Celle qui sera » : « Elle m'apparut sur le seuil du parloir. J'allais partir. Et soudain en moi quelque chose s'est mis à fondre
dont la violente douceur — je l'ai reconnue — me dit l'espace
d'un éclair qu'encore une fois j'allais avoir mal. » Cette « violente douceur », nous la reconnaissons nous aussi, elle
contient la contradiction sensible qui se retrouvera dans toute
l'œuvre de Jacques Brault, dans le poème comme dans l'essai.

Je m'arrête un moment aux essais, dont on connaît l'importance dans l'œuvre de Brault, et qui commencent un peu
avant les années soixante à dessiner dans son œuvre une trajectoire parallèle au développement de l'œuvre poétique. Il y a
d'abord, en 1957, la communication au colloque sur « la poésie et nous », un texte qui se donne pour but de distinguer clairement, de façon peut-être un peu scolaire, « langage, langue
et parole ». Mais l'essayiste, dans ce texte, ne se laisse pas imposer silence par le jeune professeur, et il a des propos assez virulents contre l'automatisme, contre la « hantise de l'actuel »,
contre les nouveautés linguistiques — le « fameux problème
de la « langue canadienne » n'existe pas », déclare-t-il —,
contre « l'importation massive de thèmes poétiques européens arrosés de socialisme, communisme, existentialisme et
autres sauces du même plat » — ce qui ne l'empêche pas de
déclarer en fin de course : « La poésie accédera à la conscience
collective, ce qui ne veut pas dire qu'elle sera sociale ou historique. » Cette déclaration n'est pas sans ambiguïté, mais on
peut penser qu'elle prédisposait Jacques Brault à collaborer
quelques années plus tard, après un séjour d'études en
Europe, à la revue *Parti pris*. Il y donnera quatre articles
importants : d'abord, en 1964, « Une logique de la souillure »,
puis l'année suivante « Notes sur le littéraire et le politique »,
« Pour une philosophie québécoise » et « Un pays à mettre au
monde ». Sa production d'essais, durant l'année 1965, comprendra également trois articles : « Le cœur de la critique » et
« Le joual : moment historique ou aliénation linguistique »,
tous deux publiés dans *Le Devoir*, et dans *La Presse*, « Quelque

chose de simple », articles dont la plupart auraient pu paraître aussi bien dans *Parti pris*. Il n'est pas sans intérêt de noter que, durant cette année déjà, Jacques Brault travaille à son grand texte sur Gaston Miron, « Miron le magnifique », à son étude sur la poésie de Grandbois qui paraîtra à Paris, dans la collection des « Poètes d'aujourd'hui », et, avec le père Benoît Lacroix, à la première édition critique des œuvres de Saint-Denys Garneau.

Disons d'entrée de jeu que tous les textes de l'année 1965, même ceux qui sont destinés aux journaux, sont des textes fortement pensés, parfois difficiles, très *écrits*, comportant des nuances extrêmement fines, à l'opposé des coups de clairon qu'on entend souvent à cette époque, particulièrement à *Parti pris*. À la première page d'un de ses articles les plus importants, « Un pays à mettre au monde », Jacques Brault manifeste clairement son éloignement par rapport à ces « demi-vérités pour et contre lesquelles nous nous battons inconsidérément, et surtout en paroles. Certains séparatistes s'impatientent et s'aveuglent au point de souhaiter que le sang coule, et assez longtemps pour que la situation actuelle devienne irréversible et intolérable. Alors, tout sera clair : il faudra vaincre ou périr. Une seule vérité subsistera. » Contre cette « seule vérité », Jacques Brault ne cessera pas de s'élever. Il ne parlera guère du socialisme, de la révolution, qui sont des thèmes obligés de *Parti pris*. Oui, certes, ces mots courants apparaîtront parfois, et Brault ira jusqu'à écrire, conformément à la doxa partipriste, que « nous ne pouvons faire l'indépendance et réaliser le socialisme que conjointement », ou encore : « La révolution prolétarienne est sans aucun doute, pour le moment, la vraie révolution. » Mais c'est laisser entendre qu'une autre révolution, plus totale et plus humble à la fois, sera nécessaire, sera toujours nécessaire — il en fait le devoir de la poésie — pour donner droit « aux plus démunis, les plus noirs, les plus oubliés ».

Comment traiter dans cet esprit le thème chauffé à blanc de l'indépendance ? Globalement, il s'agit d'opposer au

« séparatisme nationaliste canadien-français », qui a été souvent allié aux causes sociales et politiques les plus rétrogrades, l'« indépendance québécoise » qui ne peut être, elle, qu'un principe d'ouverture, de libération. Ainsi présentée, l'opposition paraît un peu simple, mais c'est surtout dans les interstices de l'argumentation que la pensée de Jacques Brault se fait vraiment agissante, innovatrice. Particulièrement remarquable, pour les années soixante mais aussi peut-être encore pour les nôtres, est l'idée d'« une incessante *interprétation* » du passé — Brault ajoute : « au sens musical du mot » — qui ne fait évidemment pas bon ménage avec celle d'une rupture violemment révolutionnaire. Il emprunte même à la prospective le projet d'une refertilisation de l'archaïque, et cite à ce propos Pierre Francastel : « Le véritable progrès exige une certaine adhérence au passé. » Brault dira de son côté que « le meurtre du père » exigé par la révolution « demeure un remords intuable, tant que le père ne revit pas d'une vie nouvelle dans le fils ».

Voilà — et l'appel au « sens musical » aurait dû nous en prévenir — que nous nous approchons de la poésie, et particulièrement du dernier poème de *Mémoire,* celui du père. Tout est déjà dans le titre du recueil, dans le scandale qu'il devrait provoquer, et que malheureusement il ne provoque pas parmi les humeurs idéologiques des années soixante. Jacques Brault avait évoqué ce thème de façon un peu abstraite dans l'essai de *Parti pris,* mais le poème lui permet, lui intime d'aller plus loin, d'aller autrement, là où les « demivérités » sont interdites de séjour. Je propose la formulation suivante : ce que dit l'essai, avec les indispensables précautions, le poème le *fait.* Ce n'est pas cependant que, chez Jacques Brault, la poésie se coupe de la prose. On est frappé, au contraire, lorsqu'on lit la « Suite fraternelle » et le poème intitulé « Mémoire », par l'absence de tout recours à telle forme de lyrisme qui romprait catégoriquement avec le langage commun, par la façon dont le poème se tient tout près de ce que j'appellerais l'écriture générale. Exemple, entre plusieurs :

« Mes amis mes camarades ne vous moquez pas / si je vous arrive ainsi de travers / mou de songerie / mal accordé à mes gestes. » Dans les essais de 1965, d'ailleurs, Jacques Brault n'a pas beaucoup parlé de poésie et, lorsqu'il l'a fait, c'était sur le mode mineur, voire le mode de l'humilité, comme dans un petit texte paru dans *La Presse,* auquel il donnera la première place dans son recueil d'essais *Chemin faisant.* Cela s'appelle justement « Quelque chose de simple », et on y lit ceci : « j'écris sans me demander, après comme avant, si cela est de la poésie ou autre chose, c'est-à-dire qu'elle ne s'autorise pas d'une définition qui lui donnerait quelque prééminence dans l'ordre des discours. » Il dit encore, parlant des « instants neutres » qui nous atteignent tous et risquent de nous faire perdre pied, qu'ils le « portent volontiers à écrire, comme si la mémoire d'un infime bonheur chez [lui], à la face des hommes, donnait rendez-vous à quelque lendemain problématique ». Un « infime bonheur », un « lendemain problématique », cela entre difficilement dans un programme qui invite à l'action sociopolitique. D'autre part, le poète n'est pas *ailleurs,* dans le « mystère tout-puissant, à masquer de grandeur fumeuse l'homme rompu au pire », comme il le dit lui-même. Il ne s'extrait pas de l'action commune lorsqu'il parle à la première personne, lorsqu'il évoque les circonstances de sa vie la plus intime, son frère mort en 1943, lorsqu'il évoque le père dans son grand âge, proche de sa fin. Tout ce qu'il porte en lui, Jacques Brault le confie à la poésie, au *dés-ordre* d'une poésie qui n'accepte pas de se laisser conscrire par les mots d'ordre du discours ou de l'action.

On connaît ces deux poèmes de « mémoire », celui du frère et celui du père. On les a lus plus d'une fois, on s'est laissé emporter par le flux de leur forte et chaleureuse éloquence, ils font partie de notre mémoire personnelle et collective, nous les portons en nous comme un héritage. Mais le mot « éloquence », que je viens d'employer, fait déjà problème. Jacques Brault lui-même, dans ses « Notes sur un faux dilemme », l'a défini négativement comme un « langage mythique » qui

« travestit l'action en exutoire, […] débride la passion comme une plaie infectée, […] ne vit que de l'inconditionnel et de la croyance ». Mais il ajoute quelques lignes plus loin : « la prose et la poésie pures n'existent pas ; elles sont toutes deux éloquentes ». Dans les deux poèmes de *Mémoire*, Brault a consenti, plus qu'il le fera plus tard, à cette impureté. J'ajoute un autre sens au mot « éloquence », celui d'un discours vaste et divers, par sa forme d'abord — où se mêlent le verset, la répétition quasi litanique (celle-ci, particulièrement dans « Suite fraternelle »), et tout à coup la masse quasi opaque d'un bloc textuel qui fait contraste avec la coulée des versets, ou encore un bout rimé —, par sa forme donc, qui semble rêver d'une totalité du langage, mais aussi par le paysage historique, une image du monde qui peu à peu se compose sous nos yeux. On croyait lire une sorte de complainte toute personnelle : « Je me souviens de toi   Gilles   mon frère oublié dans la terre / De Sicile je me souviens d'un matin d'été à Montréal… ». Et encore, au début du poème intitulé « Mémoire » : « Longtemps dans la rumeur de mon âge j'ai / sommeillé près de toi tiède et calme / comme une flaque d'eau sous le soleil ». Mais voici que le « je » se transforme en un « nous » qui reprend les thèmes essentiels de la révolte nationale, on oserait presque dire partipriste : « Nous / les croisés criards du Nord », « les seuls nègres aux belles certitudes blanches », « royaume de nulle part », mais sous le signe ou plutôt sous l'action d'une mémoire vivante qui remet en mouvement ce qui, sans elle, risquerait de s'épuiser dans une impuissante revendication. Elle introduit dans les thèmes de l'époque des flottements, des ambiguïtés, des distances qui les livrent au travail d'ouverture de l'imagination. « Non ne reviens pas Gilles en ce village perdu dans les / neiges de la Terre Promise / Ne reviens pas en ce pays où les eaux de la tendresse / tournent vite en glace », dit d'abord le poème, comme si le recours contre l'absence ne pouvait se trouver, paradoxalement, que dans la mort, et la mort la plus lointaine, la mort pour ainsi dire hors de portée. Nous sommes à l'opposé, ici, d'une positivité retrouvée. Mais précisément c'est la distance, dans l'espace et dans le temps, qui fait de la révolte locale une aventure pleinement humaine, une aventure de vie et de mort qui permet, à la fin, de donner au pays le nom du frère. « Ton nom Gilles / […] c'est le nom de mon pays ». Seul ce qui est loin peut sauver le proche, seul ce qui est passé peut sauver le présent.

Le travail de la mémoire se fera plus insistant et plus vaste dans le grand poème qui porte le titre du livre : « Mémoire ». Il s'agit cette fois du père, « notre racine et notre héritage », dit le poème, d'un passé que la littérature québécoise de l'époque et même l'actualité politique — on pensera au célèbre « Désormais » de Paul Sauvé succédant à Maurice Duplessis —, d'un passé que tout semble vouer à la culpabilité, voire à la négation violente. Le père, ici, n'est pas seulement la mémoire d'un homme, de cet homme dont, dit le poète, « j'avais honte quand tu partais lourd sans travail et penaud », c'est aussi *toute la mémoire,* qui à la fois contient le présent et le passé, l'ici et l'ailleurs, le pire et le meilleur, leur communion pour ainsi dire. La mémoire, c'est la Sicile de la mort de Gilles, la guerre et l'horreur, « la Pologne démembrée », Auschwitz et Dachau, Hiroshima, et c'est aussi la profondeur temporelle presque toujours oubliée de notre propre histoire, l'« ombreuse mémoire la flèche et le mousquet », l'Indien que « nous avons tué ». Le poème « Mémoire » termine ces rappels, les tragiques et les chaleureux, inextricablement mêlés, par l'évocation d'un salut : « Seuls et ensemble   éperdus d'une peine sans histoire / sauvés par celui qui se casse et crie sa tombée / au vent de liberté ». D'où vient ce salut, qui arrive comme une grâce au bout d'une litanie de souvenirs où les malheurs semblent l'emporter de beaucoup sur les bonheurs ? Risquons une réponse : il vient par le vaste, par le total, par l'abolition des frontières régionales qui séparent le passé et le présent, l'ici et le monde, fût-il marqué, sali à jamais par l'horreur concentrationnaire.

Je ne suis pas sûr que nous ayons pu lire, en 1965, dans ces deux grands poèmes de Jacques Brault, la puissance de transformation qu'ils portaient. Oui, certes, nous avons été touchés, nous avons été émus, nous avons reconnu la beauté, la force d'une langue poétique, mais la cacophonie ambiante ne permettait peut-être pas de lire le difficile, le lent travail de mémoire — « Cela est lent la mémoire », dit le poème — auquel le texte nous invitait. Dans les poèmes qui suivront, Jacques Brault s'éloignera progressivement de cette grande, cette admirable rhétorique. Ce n'est pas que les poèmes de 1965 cessent de nous parler, bien au contraire nous commençons toujours à les lire. Ce n'est pas non plus que ses poèmes d'aujourd'hui n'aient plus rien à voir avec les nécessités de leur temps. La cacophonie meurtrière contre laquelle ils luttent par une concision de plus en plus exigeante, leur légèreté, leur subtilité, n'est plus celle des années soixante. Elle doit être combattue par d'autres langages.

2008

12

Le déserteur

(André Major)

C'est, comme on dit parfois au Québec, une *brique*. Quatre cent cinquante pages de grand format, remplies à ras bord d'un texte serré, fait de paragraphes extrêmement longs, massifs, sans pitié pour le lecteur pressé.

Déjà, en le prenant dans vos mains, avant de l'ouvrir, vous avez été frappé par son poids. Cela tient difficilement dans vos mains, il faudra vous habituer. S'il venait d'ailleurs, des États-Unis par exemple, vous ne seriez pas étonné, mais ici, au Québec, on n'a pas l'habitude. Aucune fantaisie verbale, comme la mode s'en est répandue dans nos lettres depuis lors, mais une prose extrêmement ferme, on oserait dire classique, où les dialogues en *joual* ont une sorte de dignité qui leur vient de la prose qui les entoure. Beaucoup de violence, de sexe ; et la mort toujours là, tout près. Les *Histoires de déserteurs* qu'André Major publie entre 1974 et 1976 ne ressemblent à aucune autre œuvre romanesque qui s'écrit à la même époque. Aujourd'hui encore, elles font une étrange figure parmi les œuvres marquantes qui sont leurs contemporaines, de Hubert Aquin à Jean Basile, de Marie-Claire Blais à Réjean Ducharme. L'auteur aura le Prix du Gouverneur général, et peu après le prix David, en plus d'une critique favorable, mais sans oser le dire clairement il semble que le milieu littéraire québécois ait été déconcerté par la force même de ce grand récit, sa prose impeccable — j'ai hésité avant d'utiliser cet adjectif, il sonne presque comme un reproche ! —, son honnêteté foncière. Ce sont là des qualités difficiles à porter dans nos environs littéraires. Lit-on encore aujourd'hui, ou mieux, relit-on les *His-*

toires de déserteurs? Je n'en suis pas sûr. C'est trop long, trop riche, trop juste, trop — je ne sais si je dois employer ce mot — compatissant. En sortant du roman d'André Major, je ne puis m'empêcher de penser à Baudelaire parlant des *Misérables* de Victor Hugo comme d'« une œuvre de charité ». C'est une des œuvres les plus fortes de la littérature québécoise.

Donc un jeune homme, appelé Momo, sort de prison, rencontre une prostituée, traîne à Montréal, se fait tabasser par des gars de son milieu ; puis retourne à son village natal, Saint-Emmanuel, où l'attend la mort. « À peine entendit-il la détonation que le choc le projeta en avant, contre le garde-fou du balcon où il s'écrasa lourdement, sans un cri. » Entre ce commencement et cette fin, des aventures souvent sordides, parfois éclairées par des éclairs de plaisir, de rares moments d'émotion. Momo n'est pas un grand personnage, il n'a pas à l'être, il ne faudrait surtout pas qu'il le fût ; sa force lui vient du monde, le monde pitoyable mais durement réel dont il est la parfaite incarnation.

Je reviens à la question du réalisme, tant il y a dans le roman d'André Major de personnages et de lieux divers, forte-ment et sobrement dessinés, tant l'action obéit aux lois fonda-mentales d'une vraisemblance qui fait la part belle à la vulga-rité. Momo, le personnage central, n'est certes pas un enfant de chœur et ses actions, dans le Saint-Emmanuel de son enfance où il se réfugie, comme dans l'est de Montréal, consti-tuent un récit de déchéance qui ne peut aboutir qu'à la conclu-sion citée plus haut. Mais le mot réalisme, au sens vulgaire qu'il a le plus souvent, ne suffit pas à définir l'entreprise d'An-dré Major, comme le dit Pierre Vadeboncœur dans un essai des *Deux Royaumes* : « Ainsi, dit-il, je me demandais, en lisant *L'Épouvantail* (qui est le premier volet des *Histoires de déser-teurs*) d'André Major, à quoi tient l'intense pouvoir de l'évoca-tion romancière. C'était une question, je l'avoue, fort éloignée du problème de l'utilisation de la littérature ou du problème politique qui consiste à se demander si celle-ci n'a pas l'obliga-tion de représenter la condition populaire et de le faire dans une intention de lutte. » C'est dire que le roman de Major refuse obstinément, s'il est bien compris, d'être lu dans la perspective d'une représentation ou d'une revendication sociales. Il y a deux « royaumes », que Vadeboncœur tient à distinguer fortement : celui de la représentation, du rapport direct entre le récit romanesque et un vécu reproduit avec fidélité ; et l'autre, l'essentiel, qui relève d'une certaine transcendance. « Momo, écrit-il, s'enfonce dans l'ombre la plus noire, comme par une destination inflexible. » Et, témérairement peut-être, il parlera de lui comme d'« un Christ privé de toute lumière ». L'interprétation de Vadeboncœur pourra déconcerter plus d'un lecteur, mais elle désigne avec force ce qui se passe dans le roman, si réaliste qu'il se veuille, quelques gages qu'il donne à ce qu'on appelle la réalité : « ici-bas aucun règne n'arrive, tandis que dans une œuvre, où se réfracte en lumière l'obscurité d'un règne caché, au contraire chaque épisode est un règne ». C'est dans cette lumière que je relis la terrible odyssée de Momo le « déserteur », une marche à la mort seulement interrompue par ces quelques lignes superbes où le repos est encadré de part et d'autre par des menaces impossibles à éloigner :

> Il avait continué de marcher, il ne savait plus combien de temps, seulement obsédé par l'idée d'avancer, de faire du chemin, d'arriver quelque part, résistant à l'envie de s'asseoir et d'attendre qu'on vienne le chercher. Mais il n'y avait rien ni personne autour de lui. De la neige, tellement de neige qu'il se disait : « Le printemps arrivera jamais à toute la faire fondre. » Et maintenant qu'il gisait dans le foin, réchauffé, reposé malgré les courbatures, écoutant le chien se plaindre derrière la porte de la grange, il se rappelait qu'il avait failli y rester, qu'à un moment donné, sans force ni volonté, il avait compté ses pas pour mesurer le progrès de sa marche et que, rendu à sept cents, il s'était arrêté…

Cette marche désespérée dans la tempête, dont on sent bien qu'elle n'est que suspendue par le repos dans la grange, n'est pas seulement celle d'un petit criminel qui n'arrive pas à vivre une vraie vie. Momo, comme l'a dit Pierre Vadeboncœur, est un personnage fort, un véritable personnage de roman, et en tant que tel voué à la consécration de la mort, comme tant d'autres personnages de la littérature occidentale. Il n'a évidemment pas l'intelligence, par exemple, d'un Julien Sorel qui, à la fin du *Rouge et le Noir*, comprend la nécessité de sa mort. Il va, lui, en aveugle, vers une mort brutale, soudaine, inévitable, tué par un mystérieuse Indienne qui semble se venger sur lui d'une existence insensée. Mais sa mort est une grande mort, nécessaire, chargée de sens, sacrificielle.

*   *   *

On sent bien, à lire les livres qui suivent la parution des *Déserteurs*, la courte, émouvante « novella » qui s'intitule *L'Hiver au cœur*, les nouvelles de *La Folle d'Elvis*, qu'André Major s'éloigne des perspectives de son grand roman, voire du roman lui-même. Le personnage de son dernier roman publié, *La Vie provisoire*, ressemble comme un frère à son créateur, et on le verra faire des voyages semblables à ceux de l'auteur tel qu'il se présentera dans ses carnets. On le rencontre en Amérique du Sud, où il a fui une épouse trop énergique, trop ambitieuse, une vraie battante qui lui inspire des sentiments de culpabilité. Tout le récit est composé des tentatives qu'il fait pour échapper à la fascination exercée sur lui par cette femme. Elle le relance partout, jusqu'en Amérique du Sud et dans son refuge du Nord. Elle a des liaisons de son côté ; il a, du sien, quelques aventures, qui accompagnent plutôt qu'elles ne provoquent un retour inquiet sur lui-même, ses origines, ses propres désirs. On le laisse, à la fin, réconcilié avec le « sentiment de vacuité sans fond » qui s'est emparé progressivement de lui, un sentiment qui ne l'empêche pas tout à fait de vivre, dans le provisoire, quelques moments de tendresse mélancolique. Le personnage de *La Vie provisoire* va se réfugier dans le Nord, comme avait tenté de le faire Momo, où, malgré les formules radicalement désabusées que lui confie le romancier, on devine qu'il s'apprête à revivre.

Or la dérive que vit tout au long du roman le personnage de *La Vie provisoire*, avec une lucidité douloureuse, n'est pas que le drame particulier d'un homme. Elle est également, elle est peut-être surtout le signe que le roman lui-même, ici beaucoup plus disert, plus léger dans sa forme que les précédents et plus proche de l'expression subjective, perd progressivement la confiance de l'auteur. L'avant-dernier chapitre de *La Vie provisoire* s'intitule « Les ruses de la sagesse ». Ce n'est pas là un programme romanesque. Nous sommes déjà ailleurs que dans le roman, et les réflexions de la dernière partie du livre ressemblent fort aux carnets intitulés *Le Sourire d'Anton* (ou « l'adieu au roman », précise le sous-titre) et *L'Esprit vagabond* que Major publiera peu après. Les carnets parlent de rencontres, de lectures — surtout de lectures, souvent romanesques — de sujets divers, avec une chaleur discrète qui est le ton personnel d'André Major, mais leur sujet majeur, même s'il ne reçoit pas le plus grand nombre de pages, est celui, déjà évoqué à la fin de *La Vie provisoire*, de la nature, plus précisément celle du Nord, celle-là même qui était le but du Momo des *Histoires de déserteurs* et qui lui était interdite de séjour. Or c'est là justement, dans le Nord, qu'on retrouve le diariste des carnets, là qu'il coïncide le plus exactement avec son besoin de vivre — qui est un désir de re-vivre. Un très beau texte m'arrête, dans *L'Esprit vagabond*, qui illustre parfaitement mon propos :

> En fin de journée, comme je me promenais le long du torrent que les averses font déborder, j'ai découvert un tilleul au tronc déjà robuste, sans doute parce que, caché dans les herbes, je l'ai rasé à maintes reprises. Plusieurs surgeons entourent son tronc étêté, portant un feuillage qui ne trompe pas. C'est le premier qui pousse sur notre territoire. J'en ai éprouvé une joie aussi grande que lorsque j'avais vu des hêtres et des chênes occuper le terrain où j'avais coupé

une bonne centaine de sapins, qui m'ont servi pour barrer l'accès des enfants au torrent. On dit que là où a poussé un conifère repousse un feuillu et, inversement, que le conifère prend le relais du feuillu.

Rêvons un peu, à partir de cette description si précise, si peu *avantageuse,* écrite par un homme qui se refuse toute évasion dans les chemins de l'imaginaire. Il n'y a rien là qui semble dépasser l'ordre habituel de la description. Et pourtant, osons dire qu'il y a une histoire dans ce texte, une histoire chargée de sens. J'ai « découvert », dit Major, et il faut entendre ce verbe au sens fort. Il a découvert un tilleul qu'il n'avait jamais vu auparavant, parce qu'il était « caché dans les herbes ». Et non seulement ce tilleul était caché, mais l'auteur l'avait « rasé à maintes reprises », avant de le découvrir par un miracle d'attention — l'attention qui est peut-être ici un autre nom de l'écriture. La petite, la belle histoire que raconte ici l'écrivain, dans le style dépouillé qui est le sien, est vraiment celle, traditionnellement autorisée, d'une mort et d'une résurrection. Elle n'appartient pas tout à fait à l'ordre du roman, elle semble même s'inscrire en faux contre les manières et la matière du roman. Mais, entre la « désertion » par la mort et la « désertion » par la nature, ne puis-je pas apercevoir, malgré ce qui semble les opposer, une certaine connivence ? Qu'est-ce qu'un écrivain qui ne serait pas un « déserteur » ?

2008

13

Miror est-il québécois ?

(Roland Giguère)

Voici un tout jeune poète, vingt ans à peine, qui fait paraître en 1949, à ses propres éditions, des textes que l'on a quelque difficulté à soumettre au mouvement général de la poésie québécoise. Aujourd'hui encore, après beaucoup de commentaires et quelques récompenses, on ne sait toujours pas qu'en faire. Ils sont si légers, sinueux, clairs et obscurs, singuliers, agressifs et aimables, qu'ils glissent entre nos doigts un peu gourds d'intellectuels classificateurs. On dira : surréalisme. Et il est vrai que, le surréalisme ayant laissé des traces un peu partout dans la poésie contemporaine, on trouve chez Roland Giguère une atmosphère surréaliste à peu près complète, plus complète en tout cas que chez la plupart des autres poètes québécois de l'époque, à l'exception de Paul-Marie Lapointe et de son *Vierge incendié*. Mais il suffit de nommer ce dernier pour qu'apparaissent des différences beaucoup plus importantes que tout motif de rassemblement, et pour soupçonner que l'épithète « surréaliste » ne sert peut-être, après tout, qu'à isoler celui qu'elle qualifie dans un cagibi exotique où tous les excès sont permis pourvu qu'ils n'aient aucune signification recevable. On n'allait pas y laisser Giguère très longtemps, d'ailleurs. À la parution des *Armes blanches* en 1954, et plus encore quand Roland Giguère réunira en 1965 plusieurs de ses recueils sous le titre général de *L'Âge de la parole*, on croira être en mesure de le faire rentrer dans le rang, de le faire servir à l'œuvre de libération et d'affirmation collectives à laquelle travaillent un Gaston Miron, un Gatien Lapointe, un Paul Chamberland et même d'une certaine façon un Paul-Marie

Lapointe qui semble en avoir fini avec certaines formes d'incendie. L'assimilation se fait grâce à un contresens, inévitable peut-être dans les circonstances de haute tension collective que vit le Québec durant les premières années de la Révolution tranquille : Giguère parle d'un « âge de la parole » auquel il met un point-virgule sinon le point final, au profit d'un travail d'expression graphique auquel il entend se consacrer désormais plus exclusivement. Or cet « âge », dans le discours général de l'époque, désigne une célébration en quelque sorte communautaire de la parole. Ce n'est d'ailleurs pas la seule dérive que l'on fait subir au texte de Giguère. L'une des plus étranges est celle qui fait lire dans les vers de 1951 : « la grande main qui nous cloue au sol / finira par pourrir » le nom d'un petit potentat local appelé Maurice Duplessis. Comme si la poésie de Roland Giguère était une poésie engagée au sens étroit de l'adjectif, suivant l'actualité au jour le jour, des éditoriaux en prose découpée.

Ces interprétations, ces assimilations hâtives ou subtiles font partie des aventures inévitables de la lecture et je ne songe pas à en débarrasser l'œuvre de Giguère pour retrouver sa poésie *telle qu'elle est,* telle qu'elle devrait être en elle-même et pour toujours. Je tente seulement de retrouver, au-delà de ces accommodations, les raisons d'un charme qui produit chez moi un étonnement toujours renouvelé, et sans lequel le reste n'aurait pas beaucoup de sens. Ce qui me frappe le plus depuis quelques années, chaque fois que je retourne à l'œuvre de Giguère, et qui rétrospectivement, historiquement me paraît tenir du prodige, c'est l'extrême élégance et la sûreté de sa prose. Lisez les jeunes poètes, ses contemporains : ils ont fait leurs études classiques, pour la plupart, mais s'ils peuvent aligner des vers libres avec assez d'aisance, ayant pris des leçons chez Éluard (comme Giguère lui-même d'ailleurs) et chez quelques autres, dans la prose — même dite poétique — ils trébuchent souvent, maladroits, voire fautifs. Giguère, lui, qui n'a pas fait son cours classique et se trouve à l'Institut des arts graphiques où l'écriture n'est pas une préoccupation première, c'est comme s'il n'avait pas appris, n'avait pas eu besoin d'apprendre. Il trouve d'emblée les mots, la syntaxe, les rythmes qu'il faut ; et cela coule de la façon la plus naturelle, sans heurts sinon les tout à fait voulus, décidés, comme si vraiment écrire pour lui c'était respirer : « Pour laisser des traces de nous-mêmes, il nous a fallu nous dépouiller de ce que nous avions de plus pur. Nous avons renié nos propres ombres, nous nous sommes appliqués à donner une transparence totale aux ruines les plus abjectes ; un simple verre d'eau devenait une mer bouleversée… » Cette prose venue des lointains du romantisme et travaillée, assouplie par Baudelaire, Rimbaud, Breton, Michaux, Éluard, cette prose tout enchantée d'elle-même et qui avance dans le monde en le rêvant plutôt qu'en l'observant, comment a-t-elle rejoint le jeune Montréalais qui fait ses études chez les Frères durant les années quarante ? Le hasard, cette fois. Les chemins de l'écriture sont plus capricieux qu'on ne l'imagine généralement, ne sont pas entièrement balisés par les institutions culturelles et les programmes scolaires : dans les conditions les moins favorables, il restera toujours possible à un garçon de recevoir les leçons des grands devanciers. Le fameux *hasard objectif* trouve peut-être ici sa plus belle preuve. Le frère Gaboriau avait demandé à ses élèves un petit travail sur Claudel. Roland Giguère, bon élève, trouve en librairie l'ouvrage de Michel Carrouges, *Éluard et Claudel*. On connaît la suite.

La prose de Giguère n'est pas une prose-à-discours ; on sait l'horreur qu'il a pour les dogmatiques et les donneurs de leçons. Si d'aventure le discours pénètre dans ses textes, il est aussitôt dissout par l'humour, un humour d'autant plus ravageur qu'il est discret et risque même de passer inaperçu aux yeux de ceux dont il écume les certitudes. La prose de Giguère est une prose-pour-raconter, une prose-à-fables. Il y a sans doute lieu de noter ici la rencontre qui s'est produite entre l'auteur de *La Main au feu* et le fabuliste par excellence du XXe siècle, Henri Michaux. C'est de cette rencontre qu'est né Miror, le seul personnage à nom propre de l'œuvre de

Giguère, frère de ces êtres ectoplasmiques qui se promènent dans l'œuvre de Michaux. Miror est un entrepreneur en désastres. Mais il les subit en même temps qu'il les provoque. Il a de si bonnes intentions pourtant, il voudrait si bien faire ! Hélas, les bonnes intentions ne suffisent pas, et peut-être même sont-elles à redouter plus que tout. Lorsque Miror veut se mettre « dans la peau de l'Autre », par exemple, ce qui est recommandé par les meilleurs manuels, et qu'il va à la rencontre du rocher, une singulière contamination va se produire : celui-ci va souffrir et saigner comme un humain et Miror devenir si dur, si impitoyable... Mais c'est avec l'eau surtout qu'il a des difficultés, l'eau aimable, douce, rafraîchissante. Si la fantaisie lui vient d'en mettre dans la vitrine d'un restaurant pour qu'elle devienne vraiment l'aquarium qu'elle semble être, les clients-poissons ne seront pas très contents. Lui-même d'ailleurs, quand la rivière entrera dans sa chambre... C'est l'histoire de la goutte d'eau qui est la plus dramatique. Miror en avait apprivoisé une, avec laquelle il avait les relations les plus aimables. Il devint ambitieux, hélas, et la goutte d'eau fut noyée par un trop d'eau. Je ne vous raconte pas tout. Vous lirez les autres histoires, dans le texte. Et vous comprendrez à la fin que ces désastres, ces difficultés, ces malheurs font à Miror une vie extrêmement pleine, sur fond de mélancolie amusée. Le désastre, à vrai dire, pour lui ne se dissocie pas de la merveille. (Miror : je me mire, j'admire, le miroir, la merveille...) Ne parlons pas de *dés-astre* au sens de Maurice Blanchot, celui d'une désorientation radicale et radicalement subversive, peut-être même tragique. Chez Giguère c'est plus gai, plus léger et plus subtil. Ce qui arrive à Miror, c'est ce qui arrive *toujours* quand on donne licence à la vie du dedans, au désir, d'intervenir dans l'ordre des choses. Et c'est bien ce que veut la poésie de Giguère : « La poésie, pour moi, a-t-il écrit, n'est pas évasion mais bien plutôt invasion. Invasion de l'univers extérieur par le monde du dedans. »

Miror est-il québécois ? Dans la mélancolie dont on parlait tout à l'heure, dans le « petit animal » qui persécute le personnage et le fait douter infiniment de lui-même, dans la solitude de la cellule où il est enfermé, peut-être est-il possible de voir des signes d'une situation historique précise, mais le fond de l'histoire n'est pas là, il est beaucoup plus large, vaste. Ce que Miror demande, ce n'est rien de moins que la liberté totale de l'imagination ; et de cette liberté, Paris est à peine moins éloigné que Montréal. La tentation et la possibilité d'assigner une fonction de représentation historique au texte giguérien seront évidemment plus fortes encore dans les *Lettres à l'évadé*, qui suivent immédiatement *Miror* et pourraient avoir été écrites par lui. Il y a un *ici* et un *ailleurs*. De la neige. De la tristesse. « Ah ! Quel pays ! Quels midis ! Quelles nuits ! » On peut imaginer le poète resté au Québec, dans l'atmosphère assez étouffante du début des années cinquante, après les éclats vite réprimés du *Refus global*, écrivant à des amis peintres qui sont déjà rendus à Paris et leur disant l'état déplorable du pays qu'ils ont quitté. (Lui-même fera plus tard de longs séjours heureux en France ; il faut dire le bonheur de Giguère en France, comme celui de Gaston Miron, de plusieurs autres qui s'y sont vraiment trouvés.) À ses amis donc, l'auteur des *Lettres à l'évadé* écrirait de Montréal : « ... tout est changé ici. Il faut tout faire seul, tout imaginer sinon c'est triste. Ne revenez plus. » Mais on aperçoit aussitôt l'ambiguïté d'une telle déclaration. L'imagination esseulée, c'est sans doute un drame québécois mais c'est aussi bien ce dont ne cessent de parler les surréalistes de partout et avant eux un certain Arthur Rimbaud, pour ne citer que lui. Et puis, « tout imaginer », n'est-ce pas la fonction même du poète dans un monde qui a perdu contact avec ses raisons d'être ? Roland Giguère n'habille pas le drame québécois avec des toilettes, des langages importés de Paris. Il l'inscrit dans la dispute universelle que ces langages signifient. « Homme de Néanderthal, souviens-toi de nous ! », demande le poète dans un des textes de *La Main de l'homme*, renversant le cours normal du temps. Si l'on veut parler d'histoire à propos de l'œuvre de Roland Giguère, il faudra lui donner les plus larges dimensions.

Lisant *La Main de l'homme,* je me souviens encore de Rimbaud : « La main à plume vaut la main à charrue. — Quel siècle à mains ! — Je n'aurai jamais ma main. Après, la domesticité mène trop loin. » Le sens de ce recueil, dont les poèmes s'échelonnent sur une décennie presque complète, de 1951 à 1959, réside dans la volonté têtue, obstinée de redonner à l'homme les pouvoirs de cette main que trop de circonstances voudraient asservir à l'ordre des fins et des moyens. Toutes les formes, du long poème à la vision brève, du vers le plus libre à la prose compacte, toutes les ruses sont bonnes pour opérer l'essentiel dégagement (Rimbaud, encore et toujours : « Là tu te dégages / Et voles selon. »), qui est en même temps un travail et un bonheur. À l'exemple de Roland Giguère, qui n'aime rien tant que de reprendre les plus vieux clichés et de les transformer dans le sens de la vie, il faut parler ici d'un *bonheur d'écrire* au sens le plus fort, d'une écriture produisant le bonheur par son exercice même, sa fluidité, son agilité, son invention, quoi qu'elle dise et même quand elle dit la malchance, la privation, l'opacité. Le malheur, disions-nous, chez lui ne se dissocie jamais de la merveille ; s'il est vécu pleinement, s'il est dit surtout, écrit, imaginé, il ne pourra pas ne pas devenir son contraire. Mais aussi bien, à l'inverse, la merveille trop continue, trop complaisante risque de conduire au malheur, c'est-à-dire à l'absence, à la fleur de rhétorique, à la joliesse instrumentale. Contre ce danger, beaucoup plus grave que le premier si l'on y pense bien, tout particulièrement dans une poésie qui, comme la surréaliste, fait confiance aux mots, Giguère invoquera le « pouvoir du noir », selon le titre qu'il donne à un recueil de 1966. Le noir, pour faire équilibre au blanc, pour le lester d'une profondeur indispensable, pour revenir au « noyau de vie », pour dégager l'avenir au-delà des faveurs parfois suspectes de l'instant. Le noir, pour que rien de l'expérience ne demeure non vécu. Pour la vérité du monde, et la vérité de la poésie.

De cette vérité, toujours mouvante et toujours menacée mais toujours sauvée *in extremis,* à l'extrémité d'un langage qui ne se prive d'aucun risque, l'œuvre de Roland Giguère est le plus fidèle témoin. On peut lui faire confiance. Il a donné sa parole. Il a mis sa main au feu.

1987

III

14

Une épopée sans héros

(Jacques Ferron)

> Cela montre bien que notre pays a un genre
> familier et qu'on n'en parle bien que dans l'inti-
> mité, à la barbe des étrangers, fussent-ils fran-
> çais de France.

JACQUES FERRON, *La Chaise
du maréchal-ferrant*

La plupart des romanciers québécois de quelque conséquence, de Gabrielle Roy à Marie-Claire Blais, d'Anne Hébert à Michel Tremblay, de Réjean Ducharme à Jacques Godbout, ont fait en Europe une sortie plus ou moins longue, plus ou moins remarquée. Il existe, à cet égard, une exception notable, celle d'un écrivain que l'institution critique, au Québec, considère comme un des plus grands, Jacques Ferron. Seuls deux de ses romans ont paru à Paris, dont *L'Amélanchier,* une fable agile, chaleureuse et ironique où l'on rencontre un personnage très britannique — ex-lapin chez Lewis Carroll — affublé du pré-nom du grand critique torontois Northrop Frye. Il ne fut accueilli, si je ne me trompe, par aucun article un peu substan-tiel, sauf dans l'aimable Belgique, dont les malentendus avec la France ressemblent un peu à ceux des Québécois. Mais ce n'est pas à ces malentendus, et aux rôles qu'ils auraient pu jouer dans l'absence de réception française de l'œuvre de Ferron, que je veux revenir ici. C'est sur le terrain propre du roman que j'essaierai de poser la question, et elle ne touche pas que les relations France-Québec. Peut-on déceler, dans la pratique

romanesque de Jacques Ferron, les raisons de ce qui l'empêche
— pour le moment, dis-je avec espérance — d'entrer en dialogue, en convergence ou en divergence avec la production de
son époque ?

Il ne sera peut-être pas inutile de rappeler quelques étapes
de son parcours personnel. Jacques Ferron est né en 1921 dans
la petite ville de Louiseville, à mi-chemin entre Montréal et
Québec. Après de solides études traditionnelles, durant lesquelles il fréquente des jeunes gens de bonne famille qui
deviendront des figures importantes de la vie intellectuelle
et politique québécoise et canadienne, il passe un peu de
temps dans l'armée, à titre de médecin, puis va s'établir dans
un coin obscur de la Gaspésie, où il pratiquera la médecine
des humbles qui est un des buts essentiels de sa vie. Socialiste
d'instinct, il se fait communiste, mais le parti le déçoit très
vite. Le voici de retour à Montréal, plus précisément dans la
banlieue appelée Ville-Jacques-Cartier qui deviendra l'un des
lieux mythiques de son œuvre. Il écrit, donc : des textes pour le
théâtre qui ne seront pas joués, des contes qui seront réunis
plus tard sous le titre de *Contes du pays incertain,* puis des
romans, tout en ne cessant pas de rédiger des chroniques en
nombre infini pour une publication quasi confidentielle, *L'Actualité médicale,* et d'envoyer de nombreuses lettres caus-
tiques, déroutantes, aux journaux. Il devient au cours des
années soixante un écrivain connu, célébré, mais aussi un personnage de la vie publique. Il milite pour l'indépendance du
Québec, fonde un parti politique appelé joliment le Parti Rhi-
nocéros, qui ridiculise les manœuvres des partis politiques
traditionnels, il jouera même en 1970 un rôle de médiateur
entre les gouvernements et les ravisseurs du ministre Pierre
Laporte, qu'il connaît depuis toujours. Durant ses dernières
années, il travaillera à une grande œuvre inaboutie, *La Conférence inachevée,* suite de récits et de réflexions sur le thème de
la folie. Il mourra en 1985.

Ces quelques indications biographiques n'ont pas pour
but de réduire l'œuvre à la vie ; mais elles dessinent les

contours d'une situation qui est à la fois celle de l'œuvre et celle de la vie. La prolifération des genres, et leur égalité pour ainsi dire, les lettres aux journaux composant un volume aussi considérable et peut-être aussi important que celui du plus grand roman de Ferron, *Le Ciel de Québec,* les contes se déversant dans le roman et vice versa, les « historiettes » — ou l'histoire vue par le petit bout de la lorgnette — faisant concurrence à la chronique d'actualité, celle-ci élevée au rang de l'épique par sa coexistence avec diverses mythologies, les personnages de l'actualité politique et artistique fréquentant des fantômes de diverses sortes, tout cela dessine l'image d'un homme et d'une œuvre qui ne peut être contenue dans les balises habituelles de la production littéraire. Un romancier écrit un roman, puis un autre ; un poète, poème après poème. Jacques Ferron écrit des livres qui tantôt s'appellent contes, romans, chroniques, récits, on oserait dire indifféremment. Il s'interdit par là de *faire œuvre,* de s'installer dans des maisons qu'il aurait lui-même bâties et qui lui donneraient pignon sur rue dans les métropoles littéraires. Ce n'est pas l'œuvre, c'est l'écriture qui est chez lui première, le désir d'écriture dans sa généralité. « J'ai écrit, dit-il de ses premiers textes, je ne sais pas, pour me revaloriser, parce que je n'étais qu'un petit médecin d'un coin perdu de la Gaspésie, et ensuite un médecin de faubourg qui n'a jamais eu accès aux hôpitaux, qui n'y pensait pas d'ailleurs. » Modestie feinte ? Jacques Ferron ne se morfondait pas dans l'humilité, mais il savait ou croyait savoir ses limites, qui seraient celles de la petite littérature à laquelle il s'identifiait. « L'important, écrivait-il, est d'avoir une littérature déconcertante poussant sur une langue vivante. »

La langue, en effet, la pratique écrite de la langue : c'est par là que Jacques Ferron commence, par là qu'il finira. Quelle langue ? La plus lointaine et la plus proche : celle du classicisme français, du Charles Perrault des *Contes,* du Voltaire non seulement des *Contes* mais aussi des polémiques, une langue nette, vive, souvent moins claire qu'il n'y paraît, aimant le détour et l'injure plus ou moins feutrée, ennemie mortelle de la grandiloquence, rêvant de faire mouche à tout coup. Le rêve d'*enquébecquoisement* qui parcourt toute l'œuvre de Ferron s'arrête là, ou plutôt il reconnaît que la langue de sa plus sûre, de sa plus particulière expression est aussi bien, par héritage incontestable, celle de là-bas, du père patrie. Nul plus que lui, au Québec, n'est américain, d'abord parce qu'il déteste souverainement les États-Unis, surtout parce qu'il redonne la parole aux premiers occupants, les Amérindiens, qu'il va s'inspirer des diverses mythologies du continent, des haïtiennes aux sud-américaines, enfin qu'il va faire voyager son *habitant* d'est en ouest (voir le conte intitulé « La vache morte du canyon »), selon une loi qui est celle-là même de la conquête américaine. Mais cette conquête ne se fait pas chez Ferron aux dépens de l'héritage européen, et c'est au contraire de la vieille langue, de l'ancienne, et marquée comme ancienne, qu'il va obtenir l'expression de la nouveauté américaine. Quelques-uns de ceux qui le suivront, qui s'autoriseront de son exemple, même, croiront nécessaire de massacrer un peu la langue d'origine pour s'installer dans le continent nouveau. Non pas l'auteur des *Contes du pays incertain*. Il va certes franciser par l'orthographe quelques mots anglais du vocabulaire courant, emprunter à la vieille langue paysanne quelques tournures pittoresques, mais il ne pratiquera pas les amalgames douteux qui amèneront certains à parler d'une langue québécoise. Dans ces nouveautés trop voyantes, il verrait un message trop simple, et pire, une forme d'impuissance. Donc, pas question pour lui de se priver de l'imparfait du subjonctif, aujourd'hui si souvent calomnié, de l'inversion un peu précieuse, ou du point-virgule qui permet au locuteur de prendre souffle, de donner du ressort à son discours et d'en faire valoir les diverses propositions : « Il avait un os de travers au-dessus de l'estomac ; il n'était pas malade, seulement l'os gênait, le piquant à chaque respiration ; il lui fallait rester tranquille en attendant que l'os reprît sa place. Au bout de trois ou quatre semaines le maudit os n'avait pas bougé… » C'est le début d'un conte, un des *Contes du pays incertain*. C'est magique. On est dans la langue française, mais on n'est plus en France ; on est au Québec, en Amérique, quelque part par là. ¡

L'écriture n'est pas ambitieuse, et ne va pas naturellement au roman — qui, lui, comme on sait, vit d'ambition, celle du romancier aussi bien que celle de son personnage. Le conte lui convient, qui permet de commencer abruptement, de développer en multipliant les diversions et de conclure sans façons. Lui aussi, comme l'écriture, comme la langue, il se donne des airs d'ancienneté, par sa complicité avec la récitation orale, par l'usage du merveilleux. Je dis : des airs, parce que le conte ferronien mêle de façon éminemment paradoxale le plus actuel et le plus archaïque, l'un privant l'autre de ses caractères premiers. Ainsi, dans un des derniers récits de Jacques Ferron, *Gaspé Mattempa,* publié en 1980, on rencontre : quelques curés *véritables,* comme l'abbé Raoul Vaillancourt et le chanoine Georges-Élisée Panneton ; des Souriquois, c'est-à-dire des Indiens Micmacs de la Gaspésie et leur géant légendaire Gougou ; des médecins éminents, comme le docteur Louis Berger, professeur à l'Université Laval de Québec, et le docteur Grondin, cardiologue réputé ; le Baron Samedi, divinité du vaudou haïtien ; Jules Romains, médecin (comme Ferron) avant d'être écrivain ; le fantastique *braillard* de la Madeleine, qui terrorisa le village au début du XIXᵉ siècle ; et quelques autres personnages appartenant à l'un ou l'autre ordre de réalité, dont l'auteur lui-même, guérisseur autant que médecin diplômé, racontant une période de sa vie gaspésienne. Tous les récits de Jacques Ferron sont ainsi faits, peu romanesques au sens courant du mot, mêlant les genres et les références avec un sans-gêne qui est aux antipodes du bon maintien littéraire. On en compte une quinzaine, publiés du début des années soixante à la fin des années quatre-vingt, tous ainsi partagés entre les fantaisies surnaturelles du conte et les allusions plus ou moins claires à l'actualité politico-littéraire, imaginant en somme une communication immédiate entre ce qui se rêve et ce qui se vit, par la vertu d'une écriture en quelque sorte transparente.

L'université québécoise s'est beaucoup occupée de ces romans, au cours des dernières années. Quelques-uns d'entre eux ont été réédités en livres de poche, avec des appareils de notes fort abondants où l'on tâche de décrypter les centaines d'allusions qu'ils contiennent. Que ces romans paraissent en livres de poche témoigne du statut très particulier qu'a l'œuvre de Ferron en territoire québécois : destinée à la fois aux simples lecteurs et aux érudits, ouverte et hermétique. Mais faut-il vraiment passer par là, traverser cette mer de détails, pour lire Jacques Ferron ? Son meilleur, son plus vrai lecteur ne serait-il pas celui qui, confondant tout, ferait de Frank Scott (avocat bien connu de Montréal, devenu personnage chez Jacques Ferron) un archange du septième ciel et de Papa Boss, de Bélial, des acteurs de la scène politique ou sociale ? Ce lecteur idéal, peu savant, innocent, plein de bonne volonté, ne craignant ni la confusion ni l'erreur, disposé à l'enchantement sans preuves, pourrait-il exister, qui lirait telle phrase du *Saint-Élias* : « De Trois-Rivières était venu Mgr Charles-Olivier Caron, protonotaire apostolique et chapelain des ursulines, qui avait été tour à tour supérieur de deux séminaires, succédant à l'illustre abbé Ferland dans l'un d'eux ; lui qui avait déjà eu le pas sur Sa Grandeur Mgr Laflèche, passait maintenant après lui tout en restant indispensable, car c'est lui qui réglait l'ordinaire du diocèse », sans courir au dictionnaire des noms propres, en se laissant ahurir par cette succession d'ecclésiastiques aussi étranges que des divinités mineures, en acceptant d'être charmé par ces noms sans référence connue, de se laisser entraîner par eux dans une aventure où les plus petites actions seront chargées de signifier les plus grandes ? À vrai dire, le lecteur québécois n'est guère mieux préparé, pour lire ce genre d'histoires, que le lecteur étranger : à lui aussi, il est demandé de faire confiance au texte, à la lettre du récit, de se faire absolument lecteur.

Mais il y a un roman. Plusieurs des récits que je viens d'évoquer ont reçu des éditeurs l'appellation « roman », puisque c'est le roman qui se vend, qui se lit, qui est reçu dans les journaux et ailleurs, mais aucun critique, aucun lecteur ne s'y trompera : ils ne ressemblent guère à ce que les théoriciens, de Georges Lukács à Marthe Robert, disent du genre romanesque. Pourquoi donc oserai-je parler de roman à propos du *Ciel de Québec*, où pourtant se produisent les mêmes collusions entre ce qu'on appelle la réalité vraie et ce qu'on appelle l'imaginé ou l'inventé, entre ce qu'on appelle l'ici-bas et ce qu'on appelle le surnaturel, que dans tous les autres récits de Jacques Ferron ? C'est d'abord à cause du nombre de pages, et cette raison est moins futile qu'elle le paraît au premier abord. Un livre de cinq cents pages exige des développements, des suites, et pour tout dire une grande idée. Il s'en trouvait bien une dans *Le Saint-Élias*, où le bateau du même nom, construit dans le village de Batiscan, avait pour mission de « briser l'écrou du golfe », c'est-à-dire d'ouvrir le Québec à l'universel. Mais il s'agissait, idée typiquement ferronnienne, de contourner les métropoles, de créer un rapport entre villages de divers continents, entre celui de Batiscan et quelque village africain. Cette idée, cependant, n'apparaissait qu'au terme du récit, essentiellement inaccomplie, pur projet. Dans *Le Ciel de Québec*, par contre, la prolifération presque infinie des personnages, des actions, des allusions est contenue dans un projet qui s'accomplit, dessinant une grande courbe qui passe par les profondeurs infernales pour rejoindre enfin ce « ciel de Québec » énigmatique dont parle le titre. L'action du roman se passe pour l'essentiel dans la ville de Québec et ses environs, et cela se comprend puisque, pour Ferron, la vie réelle appartient aux villages ou aux villes de taille moyenne (fussent-elles capitales !), par opposition aux grandes, par exemple Montréal, où les enjeux se perdent dans le tohu-bohu des intérêts de toutes sortes, aussi bien ethniques que commerciaux et politiques. Mais c'est bien une totalité, un Québec total, conçu comme un organisme collectif, que Jacques Ferron va mettre en scène dans ce livre. L'ambition, on le voit, n'est pas fondamentalement différente de celle d'un Salman Rushdie mettant au compte de son narrateur, dans *Les Enfants de minuit*, la totalité de l'expérience indienne au lendemain de l'accession à l'indépendance. On pensera peut-être aussi, avec plus de pertinence, au *Cent ans de solitude* de Gabriel García Márquez, à cause de sa plus légère fantaisie. Mais des différences apparaîtront, bien sûr. \

Les ingrédients du *Ciel de Québec* ne sont pas nouveaux par rapport à ceux des livres précédents. Mais ils sont plus abondants, plus nombreux et cela, comme je l'ai déjà indiqué, n'est pas sans importance, sans signification. On y rencontre des personnages connus, empruntés sans vergogne à la vie réelle : hommes politiques, écrivains, artistes, ecclésiastiques, plus ou moins fidèlement représentés, livrés à la liberté créatrice d'un écrivain indiscret. Indiscret comme le sont généralement les romanciers, dira-t-on, mais plus qu'eux, et donnant les noms propres, décrivant des *petits faits vrais* comme n'aurait pas osé le faire Stendhal, sans d'ailleurs que le lecteur puisse toujours savoir s'il dit vrai ou s'il invente. Deux grands mythes engendrent et structurent le roman : le premier, de mémoire grecque, celui d'Orphée ; le deuxième enraciné dans la mémoire chrétienne, celui du Christ, de la naissance de l'Enfant, de la Rédemption. Ils n'ont pas le même statut. Le premier vient en droite ligne du cours classique, réservé autrefois, au Québec, à ceux qui formaient les élites libérales et ecclésiastiques, c'est-à-dire aux *instruits,* coupables selon Ferron de s'être coupés des sources profondes de la culture populaire. Le rôle d'Orphée sera ainsi confié au poète Saint-Denys Garneau, un des premiers poètes modernes du Québec, que l'auteur poursuit de sa vindicte depuis quelques livres parce qu'il écrirait une poésie abstraite, sans contact avec le pays réel. L'histoire d'Orphée-Saint-Denys Garneau ne peut être qu'un échec, puisque, comme son illustre prédécesseur, il perdra forcément son Euridyce — par incapacité d'aimer, précise le romancier. Le mythe d'Orphée est celui par lequel Jacques Ferron tente de régler ses comptes avec l'éducation qu'il a reçue, jugée par lui étrangère à la réalité du pays, et peut-être même avec la littérature, cette littérature européenne, française et anglaise, qu'il fréquente assidûment tout en voulant se soustraire à son trop lourd prestige. Le mythe christique, par contre, le mythe du salut, de la nouvelle ou de la première naissance, déploie dans *Le Ciel de Québec* toutes les vertus de la réconciliation, de la convergence, parce qu'il s'accomplit au milieu des humbles, dans le village dit des Chiquettes. Les Chiquettes ne sont pas, au début du roman, un véritable village, mais un ramassis de cabanes habitées par des Indiens de diverses tribus et des laissés-pour-compte de la société blanche ; il fait partie de la paroisse de Saint-Magloire qui, elle, possède les appuis les plus solides de la tradition. Mais la tradition, selon Ferron, n'est rien, ne possède aucune légitimité si elle n'est revivifiée, remise en contact avec un véritable commencement. Il ne saurait y avoir de salut que grâce au passage par l'en-bas — tentative ratée par Orphée, mais réussie par le cardinal Villeneuve, archevêque de Québec, qui répond noblement au discours de la « capitainesse » des Chiquettes, et par ce drôle d'Anglais qu'est Frank-Anacharcis Scot venant s'*en-québecquoiser* pour de bon chez eux. Le tout se termine en apothéose : c'est la Fête-Dieu, et un enfant vient de naître au village enfin reconnu, un enfant nommé Rédempteur Fauché, réunissant dans son nom l'humilité du « fauché » et le salut du « rédempteur ». Ainsi la vieille religion québécoise reprend vie dans ce qui paraît la contredire, et le vieux nationalisme se découvre capable d'accueillir l'étranger, l'étranger le plus étranger, Frank-Anacharsis Scot, fils de l'archidiacre du diocèse anglican de Québec. L'œuvre de salut est accomplie ; c'est-à-dire qu'elle commence.

On a cité plus haut le roman de Salman Rushdie, *Les Enfants de minuit*, et celui de Gabriel García Márquez, *Cent ans de solitude*, deux des grands romans nationaux de la deuxième moitié du XXᵉ siècle, et je voudrais suggérer que *Le Ciel de Québec* est de leur famille, demi-frère ou cousin éloigné. Roman, disons-nous ? « On est presque tenté, disait Jorge Luis Borges, de voir dans le roman une dégénération de l'épopée, malgré Joseph Conrad et Herman Melville. Puisque le roman nous renvoie à la dignité de l'épopée. » Mais justement, les deux romans que je viens de désigner ne témoignent-ils pas, avec beaucoup d'autres, dont le *Solomon Gursky Was Here* du Montréalais Mordecai Richler, du besoin qu'on ressent aujourd'hui de recourir à l'épopée, fût-ce au prix de toutes sortes de distorsions, de réaménagements, d'arrangements ? Jacques Ferron s'est donné le défi, peut-être insoutenable, d'écrire une épopée sans héros. Une épopée, oui, celle de la naissance d'une nation à elle-même : les personnages individuels, fussent-ils faits de l'humanité la plus ordinaire, la plus courante, étant chargés de représenter plus qu'eux-mêmes, emportés par des puissances collectives qu'ils ne dirigent pas. Nul héros cependant parmi eux — comme le sont, de façon plus ou moins volontaire, Saleem Sinai, « menotté à l'histoire », et le colonel Aureliano Buendia face au peloton d'exécution. Les grands, les beaux personnages du *Ciel de Québec* ne sont tels que par l'abaissement, la défaite, en se perdant dans la foule, en devenant *tout-un-chacun*. Est-ce là, cette « familiarité » dont parle Ferron dans *La Chaise du maréchal-ferrant*, ce qui les empêche de franchir les frontières du Québec et d'aller à la rencontre des autres personnages de la grande famille ? Il se peut que *Le Ciel de Québec* soit un livre illisible, bardé contre la lecture rapide par tout un système d'allusions locales, de piques très personnelles, de choses crues (aux deux sens du mot), que l'abondance des notes explicatives rendra plus opaques encore. On y entre à ses risques et périls — comme, peut-être, dans tout livre qui mérite d'être lu. L'échec n'est pas exclu. Le roman de Jacques Ferron n'est pas moins « incertain » que le pays qu'il a voulu créer.

2001

15

Tel qu'en lui-même

(Yvon Rivard)

Quand je pense à Yvon Rivard, c'est, étonnamment, une image de télévision qui me revient. Elle est lointaine et proche à la fois : elle date des années quatre-vingt, c'est-à-dire du quaternaire à peu près, plus précisément de l'époque où l'on osait parler de littérature à la Société Radio-Canada. Il était question de Saint-Denys Garneau, poète alors assez peu estimé, symbole de tous les maux psychiques dont, depuis le début de la Révolution tranquille, le Québec travaillait férocement à se guérir. Or, le Saint-Denys Garneau d'Yvon Rivard n'était pas celui-là, n'était absolument pas celui-là. Le jeune écrivain nous parlait le plus naturellement d'un poète, d'un écrivain qu'il aimait, sans se soucier des réserves qu'on entretenait de toutes parts autour de lui, il en parlait comme d'un ami, avec intelligence et affection. Et j'ajoute l'essentiel : comme s'il n'avait de comptes à rendre à personne, comme s'il n'avait pas à traverser le mur d'incompréhension qui s'était bâti durant les années précédentes autour du poète.

On appelle ça un esprit libre. L'expression est galvaudée, on l'emploie à toutes les sauces, sans tenir compte des falsifications auxquelles elle donne souvent prise, mais à propos d'Yvon Rivard elle désigne le ton même de son discours, de sa voix. Un de ses anciens étudiants me disait que, contrairement à ce qu'il faisait dans les autres cours — notamment les miens ! — il ne prenait jamais de notes dans les cours d'Yvon Rivard. Il écoutait.

* * *

Le Siècle de Jeanne — c'est le titre de son dernier roman —, qu'est-ce à dire ? On peut expliquer, tout bêtement, que le siècle qui vient de commencer, le XXIe, appartient à cette fillette née cinq ans auparavant, et qui donc aura la possibilité, ou la chance, ou le devoir d'y vivre une partie de son existence. Mais je pense aussi, le hasard faisant parfois bien les choses, au *Siècle de Louis XIV* de Voltaire qui vient de reparaître en livre de poche. Le mot « siècle », dans ce titre, désigne une période temporelle qui commence et devra se terminer, mais aussi une certaine gloire, une lumière, une perfection que le temps ne peut atteindre. Dans ce sens, il est évidemment peu convenable de l'attribuer à une fillette de cinq ans, fût-elle la plus aimable du monde. Mais l'auteur en remet : tout converge « vers sa petite robe rouge, comme la procession des siècles vers ce seul et unique instant » ; et son éternité même est contagieuse, elle condamne le narrateur, le grand-père, « à vivre aussi longtemps que Jeanne le voudra, encore un siècle, s'il le faut ». Ainsi, la vie commençante concentre déjà toute la longueur du temps, elle est le seul défi possible — parce qu'il est celui de la plus grande faiblesse — à cette mort qui ne cesse de se profiler à l'horizon des pensées d'Yvon Rivard. Ce n'est pas de l'expérience mais, au contraire, de ce qui vient d'apparaître que vient, comme un pur don, la possibilité de vivre.

Retenons l'idée du don.

* * *

Je souligne un autre mot, dans les premières pages du roman, qui m'étonne tout autant, celui d'« œuvre ». Le narrateur parle du « père d'Alice [la mère de Jeanne], qui avait si souvent sacrifié sa fille à la déesse tyrannique de l'œuvre, et à l'écrivain qui en avait récolté une œuvre ». C'est un gros mot, « œuvre ». Il me fait penser à un de mes amis, décédé il y quelques années, un homme extrêmement fin, un écrivain de qualité, qui prononçait « *moneûvre* » avec l'accent d'autodé-préciation qu'on devine. Yvon Rivard est peut-être le seul écrivain québécois qui ose parler de son œuvre sans ironie et sans vantardise, simplement, sans arrière-pensée. Le mot, lorsqu'il apparaît dans *Le Siècle de Jeanne,* n'a pas l'air ridicule. Mais imagine-t-on un Michel Tremblay, un Réjean Ducharme, un Jacques Godbout ou un Jacques Ferron parlant de son œuvre avec la même simplicité ? Dans une des premières pages de *Personne n'est une île,* son recueil d'essais qui vient de paraître, Yvon Rivard emploie le mot six fois, j'ai compté. Il parle de l'écrivain en général et de son « œuvre », et cela ne l'exclut évidemment pas. Pourquoi donc ne suis-je pas tenté de sourire avec un peu d'ironie ? C'est qu'il *prononce* « œuvre » comme il prononçait Saint-Denys Garneau à la télévision, comme il parle du « siècle de Jeanne », transgressant comme sans les apercevoir les règles d'une pudeur littéraire qui sont souvent celles du refus de parler. Il écrit, lui, pour parler. Il n'a même pas le souci d'*écrire bien.* Sa prose s'accorde souvent le luxe de l'ordinaire, voire à l'occasion du négligé, et les éclats brillants de langage qui y apparaissent ont l'air d'arriver là un peu par hasard, *à l'instant,* comme un ami qui frappe à la porte. Exemple : « Chaque lieu, chaque être que j'aime me rapproche et m'éloigne de moi, comme l'instant dans lequel je me tiens tout entier et qui me divise en deux forces contraires, l'une qui s'abandonne au mouvement, l'autre qui y résiste, et c'est ainsi, j'imagine, que naissent et vivent les hommes et les fleuves. »

Œuvre, donc, comme travail : travail de l'écriture et, indissolublement, travail sur soi.

*   *   *

Un mot encore, peut-être le plus important, et qui partage avec le précédent le privilège, si l'on peut dire, d'une assez mauvaise réputation : « je ». Je l'entends sonner, car je lui donne la réalité d'une note musicale, avec ses harmoniques, dans les deux parties de l'œuvre d'Yvon Rivard, la romanesque et la critique. Ce « je » n'est pas tout à fait celui qui apparaissait dans le deuxième roman de Rivard, *L'Ombre et le Double,* drapé dans un uniforme de conte un peu solennel. J'avouerai d'ailleurs que je n'ai pas lu ce roman sans difficulté, j'en demande pardon à l'auteur. Le « je » qui mène le jeu dans *Les Silences du corbeau,* petit roman parfait, allègre, séduisant, avec des plongées soudaines dans quelques profondeurs, n'est pas encore, non plus, celui auquel je pense. Et dans *Le Milieu du jour,* quelques faiblesses d'écriture — absentes du roman précédent —, des prosaïsmes insistants montrent assez bien que si le « je » rivardien se donne de l'expansion, il n'arrive pas encore à occuper tout l'espace qu'il appelle.

Puis, cela se produit. Deux livres, un roman et un essai, *Le Siècle de Jeanne* et *Personne n'est une île,* nous montrent qu'Yvon Rivard est arrivé pour de bon à sa *première personne,* que ce « je » livré à toutes les intempéries de l'existence a trouvé l'asile non pas d'une paix, ce serait trop, mal dire, la chose chez lui ne saurait jamais être qu'instable, inquiète, mais d'un espace où la conscience individuelle cesse d'être une clôture, le monde d'être un obstacle. Je mets, ici, le roman et l'essai à égalité. Dans quel livre, dans quel genre se trouvent donc les très belles lignes qui suivent ?

> L'erreur c'est de se croire l'auteur de sa propre vie alors que c'est la vie qui nous invente, c'est elle qu'on reconnaît lorsqu'on se regarde dans un miroir et qu'on ne se reconnaît plus, lorsqu'on devient pour soi-même un étranger, un ami qu'on croise en chemin, un caillou qui heurte notre pied, un chien qui nous suit, un chat qui nous fixe, un nuage qui nous absout, n'importe quoi qui nous tire de nous-mêmes et nous libère de la tentation d'être quelqu'un.

Et celles-là ?

> Longtemps j'ai pensé que mon père connaissait mieux la forêt que moi parce qu'il n'écrivait pas, parce que j'avais

perdu le pouvoir qui était le sien, en réalisant son rêve à lui qui était de faire des études, d'apprendre à connaître les choses dans les livres. Maintenant, je sais que mon père avait raison, que la connaissance du monde grandit quand on s'en éloigne quelque temps, le temps de laisser grandir en nous le désir de le retrouver, de découvrir enfin ce qui nous manque.

Le premier texte, le plus abstrait, est extrait du *Siècle de Jeanne*; le second, d'ordre autobiographique, du livre d'essais *Personne n'est une île*. Ils pourraient transiter sans difficulté d'un genre à l'autre. Tous deux, ils appartiennent à un « je » qui, parlant de sa chatte Charlotte qui est disparue dans le Bas du Fleuve ou de la poésie de Gaston Miron, peut soumettre la réalité à un sujet parce que le sujet s'est soumis à la réalité. Comment ? Ne nous faisons pas d'illusions, Yvon Rivard n'a pas trouvé la pierre philosophale qui lui permettrait de confondre sans esprit de retour le sujet et le monde, puisque le premier est promis à la mort et que le monde s'imagine immortel. Mais le sujet, le « je » s'est agrandi, dilaté à la mesure d'un monde, s'est fait monde. Qu'il prétende s'appeler Alexandre en se laissant accueillir et recommencer par l'immensité fluviale, à la fin du *Siècle de Jeanne*, ou que, dans *Personne n'est une île*, il reprenne le dialogue ininterrompu avec ses compagnons et ses intercesseurs, Saint-Denys Garneau — le plus *dangereux* de ses compagnons d'écriture —, Hölderlin, Hubert Aquin, Peter Handke, Virginia Woolf, Jean Éthier-Blais, Rilke, Jacques Brault, Hermann Broch, Gaston Miron (je mêle à dessein, par fidélité à l'auteur, les écrivains d'ici et d'ailleurs), l'horizon s'agrandit sans cesser d'être la demeure d'un « moi » de plus en plus présent. Les textes réunis dans le livre d'essais furent écrits sur commande, et Yvon Rivard en parle comme de « l'occasion de sortir un peu de chez moi ». Mais non. Écrire, pour lui, c'est ne pas cesser d'explorer un « chez moi », d'en faire un monde.

Me permettra-t-on de citer une phrase de l'Évangile ? Il s'agit de la guérison du paralytique. « Lève-toi, dit le Christ, prends ton brancard et rentre chez toi. » On n'insiste pas, dans les homélies et les commentaires divers, sur les derniers mots, « rentre chez toi ». Je les traduis ainsi : toute existence est sans cesse guettée par la paralysie, menacée de s'immobiliser dans la crainte de vivre ; le remède ne se trouve pas dans le combat mais dans le recueillement, le repli sur celui qu'on est, au-delà ou en-deçà de ce que veut le monde.

2006

16

Quelque part dans l'inachevé

(Émile Ollivier)

Je lisais ses livres, nous étions de la même université, mais j'ai très peu souvent rencontré ou même vu Émile Ollivier. Il y a eu un colloque, au cours duquel il m'a dit, avec un rien de provocation ironique, que « l'écrivain-migrant représentait une chance pour les écrivains québécois » — et il a repris cette idée dans son dernier livre, *Repérages* —, parce qu'il leur offre un exemple d'ouverture à la diversité.

Puis, au cours d'une séance de lecture à laquelle participent plusieurs écrivains, je l'entends réciter de sa très belle voix un extrait de *Mille eaux,* qui est à mon avis son plus beau livre, où il raconte avec une émotion discrète, portée par une prose admirable, ses souvenirs d'enfance. Ce pourrait être ce passage, que je relis aujourd'hui dans son livre : « Comment aurais-je su à l'époque que je prendrais mon bâton de pèlerin et que j'irais sur des routes de sable, tantôt juif errant, pèlerin d'un éternel chemin, tantôt ramier sauvage aux ailes de plomb qui rêve de lévitation mais que la réalité oblige faute de mieux à choisir la marche. "Où va-t-il" demandent ceux qui croisent ma route. Il ne le sait pas ! Ici ! Partout ! Nulle part ! Il s'en va quelque part dans l'inachevé. » Tout l'homme, tout l'écrivain est là, dans ces quelques lignes : une maîtrise parfaite de la langue, cette langue qui était intensément la sienne même si elle ne lui avait pas fait oublier le créole de son enfance ; des images flamboyantes, parfois étranges, comme venues du fond d'une autre mémoire ; et enfin, une expérience difficile, parfois tragique, de ce qu'il appellera tour à tour l'exil et l'errance, celle de l'Haïtien qui a fait à Montréal une carrière universitaire de premier plan mais n'a jamais pu, n'a jamais voulu se séparer des paysages de ses origines. « Je n'ai jamais été aussi proche d'Haïti que depuis que je vis au Québec », écrit-il dans *Repérages*. Et encore : « J'ai quitté Haïti, en revanche, Haïti ne m'a jamais quitté tant toute mon œuvre est obsédée par la mémoire du pays natal. »

Donc, un « écrivain haïtien qui vit à Montréal », comme on le lit sur la couverture de son premier roman publié à Paris, *Mère-Solitude* ? À certains égards, cette définition est exacte. Émile Ollivier est né en littérature dans un « Haïti littéraire » dont seuls quelques noms nous sont connus parce qu'ils ont émigré au Québec, Anthony Phelps, Serge Legagneur, Dany Laferrière, quelques autres. Mais nous ignorons à peu près tout de la plupart des compagnons dont parle Ollivier : Davertige, Roland Morisseau, René Philoctète, Jean-Richard Laforest, Wooly Henriquez, Digi Mevs, tous ceux-là qui rêvaient de faire une révolution littéraire et plus que littéraire dans le Port-au-Prince des années soixante, « ville grouillante et dévorante, écrit Émile Ollivier, cité grandiose de saleté et de détresse humaine, ville insomniaque qui sombrait sans sommation ». Il existe une littérature haïtienne — classée en 1963 par l'*Histoire des littératures* de la Pléiade, avec la canadienne (la québécoise n'était pas née !), dans la catégorie des « littératures connexes » —, et il suffit de lire quelques pages d'un roman d'Émile Ollivier, où la langue française est traitée avec une exubérance toute tropicale, pour sentir qu'il en fait partie.

Mais Émile Ollivier n'a pas voulu être seulement un écrivain haïtien exilé à Montréal, et l'expression « écrivain-migrant » qu'il utilise lui-même à quelques reprises finit par lui paraître réductrice. « À vrai dire, écrit-il dans *Repérages*, j'éprouve quelque irritation devant l'épithète d'écrivain-migrant puisque je me sens enfermé dans un piège, le ghetto, alors que je fais tout pour m'en évader. » Il a refusé d'être défini avant tout comme un écrivain *déplacé*, privé de son lieu d'origine, de son lieu naturel. On peut citer à ce propos de nombreux passages de son œuvre qui parlent de Montréal —

de Notre-Dame-de-Grâce en particulier, dont il est peut-être le seul chantre dans notre littérature, et du Côte-des-Neiges qu'il fait vivre dans *La Brûlerie* —, mais cela ne sera pas suffisant. C'est par la langue, pour la langue, qu'Émile Ollivier, écrivain, s'est fait Québécois. Elle n'est pas pour lui une langue de naissance, comme elle l'est pour les *vieux Québécois*; il a dû s'arracher à celle de sa mère, le créole, pour acquérir une langue française devenue parfaitement la sienne, et dans laquelle il peut accueillir les paysages du nouveau pays, « les cent noms de la neige, le cri des goélands, les aurores boréales et la démarche nonchalante de l'orignal au beau milieu de la route dans le parc des Laurentides, l'automne, quand les érables se dépouillent de leurs feuilles d'or à la veille de la dormance ». À la séance de lecture dont je parlais plus haut, se trouvaient, entre quelques *nés natifs,* un Haïtien et un Libanais. Tous deux Québécois, par la langue d'abord, par l'expérience ensuite. Les accents diffèrent sans doute, mais on commence à savoir qu'une telle diversité est une richesse, non pas une ennuyeuse complication.

Je reviens à la question soulevée au début de ce texte, celle de l'écrivain-migrant comme « chance pour les écrivains québécois ». Émile Ollivier voulait dire par là que la présence au Québec d'écrivains venus d'ailleurs, intégrés comme on dit mais pourvus également d'une autre mémoire, pouvait nous aider à combattre l'obsession identitaire dont nous sommes parfois accablés. « Qui mieux qu'un migrant, écrit-il, cet être dont le ressort premier est de chercher le mouvement de la vie, peut comprendre les processus de scission, de conflit, de déchirement, de séparation, d'aliénation, mais aussi de distorsions de la communication, de non-dits, de malentendus, d'oublis, de refoulements, bref de tout ce qui fait le tragique de l'histoire québécoise ? » On aurait aimé qu'à chacun des termes réunis dans cette phrase évidemment portée par une émotion forte, celle du « migrant » qu'il était lui-même justement, Émile Ollivier ait pu apporter les développements nécessaires. Il ne l'a pas fait. Il savait sans doute qu'il est périlleux pour un écrivain venu d'ailleurs, et même s'il s'est fait Québécois depuis longtemps, de porter le fer dans les inquiétudes québécoises.

Mais on comprend mieux, après avoir lu *Repérages,* pourquoi il a écrit au début de son livre ces quelques phrases de l'écrivain ultra-québécois qu'est Jacques Poulin : « Vous dites que vous êtes "quelque chose entre les deux"… Eh bien, je ne suis pas du tout de votre avis. Je trouve que vous êtes quelqu'un de neuf, quelque chose qui commence. »

2002

17

Pèlerinage à Rawdon

(Jean Basile)

Les raisons d'aller à Rawdon sont assez nombreuses, sans doute. Il en est deux qui ont pour moi une importance particulière. La première s'appelle Gabrielle Roy. C'est là qu'elle a entrepris et, quelques années plus tard, terminé *Alexandre Chenevert*. Elle y prenait pension chez Mrs. Tinkler, familièrement appelée la mère Tink. « Ici, écrivait Gabrielle Roy le 24 avril 1952, je coule une vie qui serait vaine et embêtante, si elle devait toujours durer telle quelle, mais qui me fait un bien immense en m'apportant un relâchement nerveux complet, un bon sommeil. Je travaille un peu tous les jours. Alexandre Chenevert sort des limbes. Arriverai-je vraiment à terminer un jour cet ouvrage ! » Rawdon, Concarneau, Port-Daniel, Port-au-Persil, Otterburn, c'était tout un pour Gabrielle Roy : solitude, écriture.

La deuxième raison d'aller à Rawdon est moins connue. Il y a là un cimetière russe parfaitement authentique, où l'on entre avec précaution, intimidé de pénétrer dans un lieu si différent de nos cimetières traditionnels. Assez près de l'entrée se trouve une belle pierre tombale portant le nom de Jean Basile, décédé en 1992. On se dit qu'il est rentré chez lui, dans cette Russie hors du temps qui était sa vraie patrie. Jean Basile, ou Jean-Basile Bezroudnoff. Russe profondément, Français de toute évidence, Montréalais plus que la plupart d'entre nous, auteur d'une des œuvres majeures de la Révolution tranquille. Il faisait partie, avec Jacques Godbout, Marie-Claire Blais, Réjean Ducharme et Hubert Aquin, de la troupe des écrivains qui allaient démontrer à la France l'existence d'un nouveau roman québécois. Les œuvres de ces quatre romanciers sont encore présentes, lues, commentées. J'ai cherché récemment le nom de Jean Basile dans un manuel de littérature québécoise (d'ailleurs écrit à la diable, plein d'erreurs de toutes sortes) destiné aux cégeps. Il n'y était pas. Pas un mot sur cette trilogie des *Mongols* qui est certainement un des monuments littéraires les plus impressionnants, les plus vivants de notre littérature. Oui, la nôtre.

Cet oubli est d'autant plus étonnant que Jean Basile a joué dans la vie culturelle de Montréal, durant une trentaine d'années, un rôle de premier plan. Il a été journaliste, à *La Presse* et au *Devoir,* et l'on ne peut pas dire que ses articles manquaient d'éclat. Écrits dans une forme très libre, ils faisaient une part considérable à sa propre subjectivité et s'en prenaient volontiers aux institutions littéraires qui distribuaient leurs subventions, leurs bourses et leurs prix au petit bonheur la chance, et notamment à d'autres romanciers que Jean Basile. Il n'écrivait d'ailleurs pas que sur la littérature. Au *Devoir,* il tint une chronique de musique rock, avant de tout lâcher pour fonder en 1970, avec Georges Kahl et Christian Allègre, un magazine contre-culturel — ou *underground,* je ne suis pas très sûr de mes adjectifs en pareille matière — intitulé *Mainmise,* dont plusieurs se souviennent encore. Il est d'ailleurs salué au passage dans un ouvrage paru à Paris, *Underground, l'histoire* (Actuel Denoël). Il revint au *Devoir* pour y terminer sa carrière de journaliste.

C'était quelqu'un, Jean Basile, un personnage. Il était grand, très grand, naturellement élégant quelle que fût sa mise, mince sans être filiforme. Il aimait pratiquer une sorte d'arrogance feutrée et lancer dans la conversation des phrases un peu choquantes, acides. Il m'est arrivé d'écrire des lettres d'appui pour les demandes de bourses qu'il envoyait à nos divers gouvernements, et je ne crois pas qu'il ait jamais été couronné. Il s'en plaignait souvent, non sans raison, et il en devenait, à la longue, amer. Pourquoi ces refus ? Pour les mêmes raisons, peut-être, qui font que sa grande trilogie romanesque, bien que rééditée en livre de poche, demeure si peu lue, si peu commentée.

Victor-Lévy Beaulieu a écrit dans un de ses livres, *Les Mots des autres*, que dans la trilogie des *Mongols* « Montréal s'offre à nous dans la luxuriance de sa modernité ». L'œuvre romanesque de Jean Basile, y compris le grand roman qui la clôt, *Le Piano-trompette*, est essentiellement, exclusivement montréalaise. Mais quand on a dit Montréal, on n'a pas tout dit. Il y a plusieurs Montréal : celui de Mordecai Richler n'est pas celui de Michel Tremblay, celui de Hugh MacLennan se trouve à des années-lumière de celui de Francine Noël. Le Montréal de Jean Basile est peut-être, de tous, celui qui est le plus étranger à nos images habituelles. Il est composé pour l'essentiel des rues qui entourent l'université McGill, et quoi de plus étranger, de plus opaque, oserais-je dire, que ce quartier voué tout entier à la suprématie anglo-saxonne ? Il est également le Montréal de la rue Saint-Laurent, de la *Main*, souvent fréquenté par les romanciers francophones, mais ici revendiqué dans son essentielle étrangeté. « Sans la *Main*, mes enfants, dit un des personnages de *La Jument des Mongols*, je crois bien que je détesterais Montréal. » La *Main* de Jean Basile est le lieu de la diversité absolue, un monde complet où débarquent toutes les cultures du monde connu, dans un tohu-bohu de langues, d'odeurs, de décors exotiques maladroitement imités, qui abolit et exaspère du même coup les différences. Ce monde, le romancier le décrit ou plutôt le crée dans une prose étonnante, d'une souplesse de serpent, qui peut tout se permettre, mêler le plus noble au plus vulgaire.

Mais la *Main* de Jean Basile est aussi, surtout, un lieu où l'on parle. Cela se passe le plus souvent dans un petit appartement, près de l'Université McGill. Ils sont là, les trois J, Jérémie, Jonathan, Judith, les trois amis indéfectibles, unis dans le souvenir d'un mythique Victor, et ils parlent à n'en plus finir, ils parlent *dangereusement*. La parole, dans ces romans, a beau se présenter comme légère, inconséquente, on ne tarde pas à comprendre qu'elle est pour les J — et pour le lecteur — une aventure périlleuse où l'on risque son âme et le reste. Cela s'écrit durant les années soixante. Partout ailleurs, on célèbre l'« âge de la parole » comme un bienfait total. Le roman de Jean Basile est moins naïf. Il sait que la parole ne peut pas être seulement du côté du bien, qu'elle porte les possibilités ambivalentes de la liberté. Ce que vivent les trois funambules de *La Jument des Mongols*, du *Grand Khan*, des *Voyages d'Irkoutsk*, est d'une extrême gravité.

2002

18

Une voix venue d'ailleurs

(Claire de Lamirande)

Il me semble que si l'on me demandait de dresser la liste des dix ou quinze meilleurs romans parus au Québec depuis 1960, j'hésiterais à y inclure le dernier livre de Claire de Lamirande, *Neige de mai*. Les titres obligés de cette liste sont bien connus, inutile de les rappeler. Si j'hésite à faire, parmi eux, une place à *Neige de mai*, ce n'est pas qu'il leur soit inférieur ou supérieur ; c'est qu'il me semble différent, d'une autre race, ou plus justement que je me sens, devant lui, différemment lecteur. Il y a en chacun de nous, c'est l'évidence même, non pas un seul mais plusieurs lecteurs : celui qui va vers les grandes œuvres, les œuvres consacrées, et celui qui va vers les petites, celles du jour ; celui qui a besoin d'apprendre, de savoir, de découvrir, ou d'être confirmé dans ses convictions profondes ; celui qui fait de la critique, et qui accepte plus volontiers que l'autre d'admirer des livres qui ne lui conviennent pas tout à fait ; celui qui, sur la plage ou ailleurs, lit pour se divertir ; et quelques dizaines d'autres. Il ne m'est pas facile de décrire le lecteur que je suis devant le roman de Claire de Lamirande. Il faut dire que j'ai un peu connu la romancière, il y a plusieurs années, principalement à cause de notre glorieuse origine sherbrookoise commune. J'ai suivi le développement de son œuvre, lisant chaque roman — *Neige de mai* est son douzième — avec un mélange d'estime, de sympathie et de quelque légère insatisfaction dont je ne démêlais pas tout à fait les raisons. Ses romans se vendaient bien, et firent le bonheur de quelques éditeurs ; mais la critique, dont je faisais partie, les traitait en quelque sorte du bout des doigts, pastichant peut-être inconsciemment le style allusif de la romancière. Je ne crois pas être indiscret en disant que vers le milieu des années quatre-vingt, elle a sollicité pour la première fois une bourse d'écrivain du Conseil des Arts du Canada ; bourse qui lui a été refusée, à mon grand regret mais sans surprise. Elle n'avait pas construit son œuvre — une dizaine de romans, cela peut faire une œuvre, n'est-ce pas ? — selon les canons qui permettent d'être reçu dans le saint des saints des subventions gouvernementales.

Puis vint, en 1988, *Neige de mai*.

J'en parle comme d'un événement. C'en fut un pour moi. Mais il est facile d'apercevoir qu'aux yeux de l'institution littéraire, il n'y eut pas d'événement. Quelques critiques rédigèrent des comptes rendus favorables, mais le roman ne fit qu'un petit tour dans les librairies et ne retint évidemment pas l'attention des jurys littéraires. Un autre roman de Claire de Lamirande… Eh oui, c'était bien, c'était tout à fait un roman de Claire de Lamirande, les quelques lignes de l'incipit le révélaient assez clairement :

C'était le mois de mai. Jean venait d'avoir quinze ans. L'enfant de l'amour. Une envie de partir le prenait à toute heure du jour. Il avait une voile dans la tête, une quille aux pieds. Il allait partir en bateau.

Encore quelques semaines de cours. Et les vacances ! Il allait s'embarquer pour une longue navigation. Au cœur de la nuit, il se levait pour regarder ses cartes, palper ses affaires de marin.

Ces phrases courtes, elliptiques, semblant toujours refuser d'aller jusqu'au bout de leur sens possible, désignant précisément ce dont elles parlent mais préservant une marge de non-dit, ressemblent à celles qui ouvrent tous les livres de Claire de Lamirande, notamment celles de son roman précédent, un roman historique assez remarquable qui avait pour personnage principal Louis-Joseph Papineau. Mais voici ce qui se passe, et qu'on apercevra bientôt. Voici la chose étonnante, le premier miracle — il y en aura un autre, je vous préviens — qui se produit dans *Neige de mai* : voici qu'un style, dont nous pouvions penser à l'occasion qu'il était peut-être un peu trop volontairement allusif, voici donc qu'un style trouve son sujet. C'est dire qu'il portait en lui-même un certain désir, une aspiration, et que les sujets des romans précédents de Claire de Lamirande n'y correspondaient pas tout à fait, que le style excédait en quelque sorte par ce désir les sujets mêmes dont il traitait, et paraissait en conséquence un peu gratuit. Ici, dans *Neige de mai*, il est d'une justesse absolue. L'écriture de Claire de Lamirande est, dans ce roman, *obligatoirement allusive*, parce qu'elle raconte ce à quoi on ne peut faire qu'allusion. Lâchons le mot, le « gros mot », comme elle le dit elle-même : Dieu. Il s'agit de la foi.

Le garçon dont il est question dans l'incipit, cet « enfant de l'amour » qui attend les vacances pour faire un voyage en mer, sera victime d'un accident stupide qui le laissera non seulement invalide, mais en proie à des souffrances terribles, sans aucune perspective de soulagement. Il est soigné par sa mère, Rosemonde, la narratrice, qui a perdu son mari dans un accident ; et qui, institutrice, donne des cours de catéchèse où elle scandalise beaucoup de parents en parlant de Dieu. Elle est aidée par une vieille tante assez malcommode qui garde le fils quelques heures par jour en récitant des *De Profundis* à tout propos. Et comme si sa vie n'était pas déjà assez difficile, une consœur de travail qu'elle connaît à peine, Louise, vient se réfugier chez elle pour mourir de son cancer. Une telle accumulation de malheurs risque de paraître involontairement comique, comme un mauvais mélodrame. Rosemonde elle-même perçoit le risque, et se gausse à plusieurs reprises du rôle de « mater dolorosa » que l'existence lui fait jouer. Il y a une sorte d'humour féroce dans la façon dont elle raconte ses journées difficiles, son « enfer » dit-elle ; et il lui en faudra, sûrement, pour ne pas être démolie par le mauvais tour qu'on lui joue au cours d'un week-end de repos à la campagne — son seul week-end de repos depuis des années —, mauvais tour qui consiste à lui envoyer, la nuit, un professeur de culture physique pour la consoler. Un autre homme, cependant, Normand Benoît, est apparu, avec qui on peut penser qu'elle partagera sa vie. Louise, la cancéreuse, meurt sans qu'on s'en aperçoive, ou presque ; le fils continue, continuera de souffrir.

Ce résumé a tu l'essentiel, ce qui donne sens à tous les événements du roman, l'événement incontournable, scandaleux : la rencontre que fait Rosemonde, au plus fort de sa misère, au moment où la misère, durant certaine nuit, s'est transformée en épouvante, avec une voix venue de l'*autre côté,* la voix étrangère par excellence. Cette voix dit : « C'est moi. Je suis là, au cœur de ton épouvante. Je n'ai jamais été aussi présent. Tout près. Si près de toi que tu ne pourrais pas savoir que je suis là, si je ne te le disais pas. » La première réaction à un tel événement, la nôtre, celle du fils, celle de Rosemonde elle-même, est de penser à un phénomène d'autosuggestion. Mais la voix ajoute : « Non ! C'est bien moi. Ce n'est pas toi qui te parles. C'est moi. Tu as tant désiré savoir quelque chose de moi. Je suis là, au cœur de ton épouvante. Ne t'inquiète de rien, Rosemonde. Je suis là. » Que faire d'une telle déclaration, la plus intempestive, la plus invraisemblable que l'on puisse imaginer ? On peut penser à d'autres romans, très rares, où le Grand Autre, comme on dit aujourd'hui, intervient de manière spectaculaire : *Sous le soleil de Satan,* de Bernanos, ou l'étrange roman de Graham Greene, *La Fin d'une liaison.* Cela rassure un peu. On peut aussi, en s'éloignant un peu de la fiction littéraire, penser à la grande dame de la spiritualité qu'est Thérèse d'Avila, que la conversation avec Dieu ne privait certes pas d'un robuste réalisme psychologique. Mais la Rosemonde de *Neige de mai* n'a rien d'une « sainte femme », comme elle s'empresse de l'attester elle-même, et le décor matériel et symbolique dans lequel elle vit, celui de la quotidienneté urbaine la plus simple, repousse comme naturellement les splendeurs de la surnature. Les signes habituels du religieux, sacrements, églises, clercs ensoutanés ou non, sont absents de son expérience. Avec Normand Benoît, mais aussi avec le professeur d'éducation physique, elle fera l'amour sans questions. Et l'expérience qu'elle a vécue, certaine nuit, la laisse comme médusée. Elle la raconte à plusieurs reprises dans le roman, utilisant toujours les mêmes mots, incapable de les récuser. Elle y croit et n'y croit pas, en même temps. Lorsque le lecteur doute, ne peut s'empêcher de douter, doit douter, il s'aperçoit que la narratrice a douté avant lui. Elle dira : « J'aurais tant voulu avoir la foi. » Ou encore : « Certains jours, j'ai la foi. » Rosemonde est celle qui, durant son adolescence, s'est passionnée pour les hérésies, toutes les hérésies. Et lorsqu'elle raconte son expérience, sa rencontre, ce n'est pas la joie qui l'envahit chaque fois, ce n'est pas le mot « joie » qu'on entend, comme dans le *Mémorial* de Pascal, mais le mot « frayeur ». Entendant la voix, Rosemonde ne cesse pas d'être désespérée, sans recours devant la souffrance atroce de son fils, elle ne cesse pas d'avoir peur.

Il s'agit donc, non pas de croire ou de ne pas croire, mais de croire en rejetant les assurances de la croyance : c'est affaire de *parole donnée*. Et cette affaire est le tout du récit, elle engage la crédibilité du roman où elle se produit. Il n'est pas plus difficile — ou plus facile —, pour Rosemonde, de croire en Dieu, de croire que la voix de l'autre nuit est vraiment venue de l'au-delà, que de croire à l'accident de son fils, provoqué par l'infarctus d'un automobiliste. L'un et l'autre appartiennent à l'invraisemblable, à ce qui se présente sans preuves, sans raison, sans préparation. L'arrivée de Louise, la rencontre de Benoît dans un embouteillage, sont du même ordre : imprévisibles, non motivés. Rosemonde est livrée à l'arbitraire de l'événement, et c'est pour cette raison qu'elle est un personnage à la fois si fragile et si fort, si fragile parce que tout, sous le règne du hasard, peut l'atteindre, et si forte parce que, narratrice infatigable, elle résiste à tout, elle occupe le roman de la première à la dernière page. Mais le langage ne lui est pas un sûr refuge, puisque, comme le récit, il fait eau de toutes parts. Un des mots qui reviennent le plus souvent dans les premières pages du roman est le « mot » lui-même, petit morceau de langage, avant la phrase, avant le discours, cela qui devrait être le plus fidèle répondant du réel mais qui, ici, désigne précisément ce qui manque. « Je me dis, avoue la narratrice, que j'ai perdu le sens courant des mots. Comme s'ils avaient tous subi le test de l'épouvante. » Au sujet de toute parole, de tout mot, on peut demander ce que demande Rosemonde : « Ce mot-là a-t-il cours ici ? » En vérité, seuls ont cours les mots, peut-être imprononçables, qui naissent de la pure douleur : « Les mots, dit Rosemonde, qui naissent dans la douleur. L'un après l'autre. Un par un. » Un par un, c'est-à-dire disjoints, inaptes à former des phrases, du langage, du récit.

La visitation de l'autre nuit (et l'on n'évite pas de penser ici à telle scène de l'Évangile, comme dans d'autres pages on pensera à Job, au Moïse du buisson ardent) n'arrête pas la dérive des mots, non plus qu'elle ne redonne au récit le sens plein auquel il aspire. De ce qui s'est passé après l'événement, Rosemonde dit : « Il m'a semblé que plus rien n'était pareil. J'ai essayé tant et plus de réamorcer la voix. Je me souvenais de tous les mots, de toutes les intonations. Mais là, c'était moi qui parlais et je le savais. » La foi — en Dieu, au récit, au langage — ne peut naître que sur les ruines de la croyance ; elle ne peut pas insister, être « réamorcée », servir à quelque chose. Elle est un pas de côté, plus qu'un pas en avant. « Une vérité peu sûre », dit la romancière. Elle dira aussi, dans une petite phrase un peu bizarre à laquelle manque, significativement, le complément attendu : « Je déplace l'importance. »

On a peut-être compris, maintenant, quelle sorte de lecteur je suis devant le roman de Claire de Lamirande. Je partage avec elle, en plus de l'origine sherbrookoise, quelques a priori théologiques. Mais il serait faux de dire que je me trouve, dans *Neige de mai*, comme chez moi. J'y retrouve certaines des valeurs, certains des mots qui m'importent, mais déplacés, traités avec une liberté qui ne cesse de me déconcerter et de m'appeler ailleurs. Il m'est arrivé de parler du roman de Claire de Lamirande avec enthousiasme, à quelques amis ; je sentais monter, même à travers le téléphone, comme une vague de scepticisme. Je n'ai pas insisté.

1995

19

Jacques et ses frères

(Jacques Godbout)

Lire d'affilée, sans reprendre souffle, *Salut Galarneau!* et *Le Temps des Galarneau,* c'est, entre autres choses : voir comment une écriture, c'est-à-dire une vision du monde, peut se transformer en demeurant fidèle à elle-même ; mesurer le passage du temps, ou plutôt constater qu'il échappe à la mesure et que l'histoire, la personnelle et la collective, est faite de sauts, de surprises plutôt que de séries causales bien ordonnées ; vérifier une nouvelle fois que, dans le récit qu'il fait des événements réels d'une collectivité, le romancier a plusieurs longueurs d'avance sur les historiens et autres sociologues.

C'est aussi, on risquait de l'oublier, prendre plaisir à l'une des proses les plus allantes, les plus inventives qui se soient produites au Québec.

Salut Galarneau! a l'évidence tranquille d'un arbre dans la forêt de l'époque. Il est moins le troisième roman de Jacques Godbout, après *L'Aquarium* et *Le Couteau sur la table,* qu'un des événements marquants de l'année 1967. On se souvient : l'Expo, le Général de Gaulle et son « Québec libre », la Révolution tranquille à son heure de gloire, portée par un courant de convivialité qui s'arrêtera brutalement quelques années plus tard. On est content, en 1967, d'être Québécois. On n'a plus honte de sa langue, devant les Américains et même devant ces Français nés natifs qui nous impressionnaient si fort, quelques années auparavant, jusqu'à paralyser notre envie de parler. En fait, ça parle, dans tous les coins, sur tous les tons. Et notre langue locale, dénoncée comme fautive et malade par le Frère Untel des *Insolences,* se refait une beauté baroque dans la littérature, qui marie un *joual* désinfecté aux formules les plus récentes de la modernité. Dans ce paysage presque idyllique, la révolte même trouve son compte. Content d'être Québécois, on l'est moins d'être Canadien, voire Canadien français. Le mouvement indépendantiste poursuit sa montée, ponctuée de quelques bombes qu'on trouverait sympathiques si elles ne faisaient des victimes ; mais, dit-on, n'est-ce pas le prix qu'il faut payer pour entrer enfin dans l'histoire, comme on le répète sur tous les tons ?

Quand donc paraît à Paris, avec le label de qualité des Éditions du Seuil, le *Salut Galarneau !* de Jacques Godbout, ce n'est pas tant l'étonnement qui l'accueille, qu'un soupir de bonheur. Ce roman-là était attendu comme l'enfant légitime de la nation. Réginald Martel loue le romancier d'avoir abandonné les manières « un peu snobs » de ses premières œuvres pour écrire, enfin, « comme tout le monde ». Jean Éthier-Blais pratique l'appropriation collective avec enthousiasme : « C'est pour nous que ce livre est écrit. Il est beau. C'est un parfum de gaieté, de mélancolie et d'amour. Et un beau livre, c'est notre vie à nous, que nous devons boire à grandes lampées. » L'insistance de Jean Éthier-Blais sur le « nous » vient en partie de ce que *Salut Galarneau !* est publié à Paris, et qu'on se demande s'il sera bien compris là-bas, dans la capitale de toutes les consécrations. Mais qu'on se rassure. Le roman sera reçu et apprécié, dans la presse française, comme l'expression authentique du peuple québécois, et dans *L'Express* René Lalou ira même plus loin que la critique montréalaise dans la lecture nationale du roman : « Ce n'est plus un homme qui parle au nom du Canada, c'est le Canada qui nous parle. Il parle savoureux et il a quelque chose à dire. »

À vrai dire, les choses sont un peu plus compliquées, comme il apparaît dans la suite de l'histoire, celle du roman et celle du peuple québécois. Aussi bien, celui qui a lu *Salut Galarneau !* dès sa parution, en 1967, éprouve-t-il une légère inquiétude en le reprenant au siècle, voire au millénaire suivant. Le sentiment de reconnaissance — aux deux sens du mot — qu'il avait éprouvé à la première lecture, va-t-il le retrouver intact dans le nouveau concert de circonstances ? Galarneau fait-il encore partie de notre « vie à nous » ? Disons qu'il n'en fait pas partie de la même façon. Le plaisir de lecture est toujours aussi vif, mais il comporte des effets de distance qui le nourrissent plus qu'ils ne le diminuent. Les flèches lancées contre le clergé — « Quand je fais griller des saucisses, je m'imagine que c'est des curés qui brûlent » —, si elles faisaient encore lever les sourcils à la fin des années soixante, relèvent aujourd'hui d'un aimable folklore. Qui sait encore, au XXIe siècle, ce qu'est « un Murray » (un restaurant), qui se souvient de la revue *L'Anneau d'or* (publication catholique française destinée aux nouveaux époux) ? Qui peut apprécier l'humour du romancier lorsqu'il parle de « l'éducation permanente, une éducation frisée » (une permanente, à l'époque, c'était une coiffure pour dames) ? Il se trouvera sans doute un jour quelque universitaire pour faire une édition critique de *Salut Galarneau!* à grands renforts de subventions, pour expliquer tout cela aux nouvelles génération. Les notes explicatives seront particulièrement abondantes lorsqu'on arrivera à l'ode en vers libres consacrée, vers la fin du roman, aux savons de lessive. C'est dire que si le roman de Jacques Godbout a été un événement, en 1967, si tant de lecteurs s'y sont reconnus avec plaisir, on peut le relire pour savoir ce qu'a été l'époque avec laquelle elle a coïncidé si parfaitement. François l'avait prévu : « Est-ce qu'un jour quelqu'un va me dire : Galarneau, c'était comment dans ton temps ? » Ce jour est venu.

Mais ce qu'une nouvelle lecture révèle, c'est que *Salut Galarneau!*, roman d'une époque, n'est pas entièrement contenu dans sa date. Il continue d'agir, au-delà d'une familiarité qui confond trop facilement le vécu et l'écrit, et même *contre* le rêve d'expression totale suscité par les signes de l'immédiat, les références à l'actualité. Il faut parler, en tout premier lieu, d'un usage original, festif et savant à la fois, de la langue ; de mots, de phrases, de rythmes. Jacques Godbout fait

bien partie de ce groupe d'écrivains (ce n'est pas tout à fait une
génération) qui, au cours des années soixante, ont célébré le
mariage — il serait peut-être plus juste de parler d'union libre
— entre une langue française parfaitement maîtrisée, habitée,
et des expressions choisies du parler populaire québécois.
Mais la façon d'opérer une telle jonction n'est pas la même
chez tous, et n'a pas non plus la même signification. Dans
Salut Galarneau !, le métissage linguistique signifie plus particulièrement un dialogue entre le Québec et la France, l'Amérique et l'Europe, l'ici et le là-bas, qui demeurera un des
thèmes fondamentaux de l'œuvre romanesque et des essais
de Jacques Godbout. On parlera également d'une intrusion
du langage parlé dans l'écrit, le premier connotant la vie, le
second une activité réglée par la tradition. Le romancier lui-
même (ou son personnage) ira jusqu'à rêver d'une véritable
fusion en inventant le verbe « vécrire », qui a eu la fortune que
l'on sait parce qu'il répondait non seulement au vœu de cette
œuvre particulière, mais également à celui d'une époque. L'*âge
de la parole*, vous vous souvenez ? Et qu'avaient d'autre à faire
les écrivains de cet âge béni, que de transcrire par l'écriture,
dans l'écriture, la parole foisonnante, un peu folle de la Révolution tranquille ?

Mais le « vécrire » est une utopie, et même en fin de
compte un leurre : l'auteur de ce roman le sait mieux que
personne, qui en accueille le désir et le déçoit radicalement.
François a cru pendant plusieurs pages qu'il pouvait écrire
naturellement, « faire l'inventaire de [s]on âme », se « copier »
lui-même selon le conseil de son frère Jacques, comme si les
mots étaient transparents. Mais l'expérience d'écriture que
constitue *Salut Galarneau !* démontre avec une logique impla-
cable qu'entre la vie et l'écriture, entre la parole vive et l'écriture, entre la communication orale et l'écriture, le fossé ne
peut que grandir sans cesse. « Je ne sais plus à qui parler », dit
François ; « plus je travaille, plus je me retire, moins je suis
capable de parler ». Écrire, pour lui, ce ne peut être qu'écrire
son testament, s'enfoncer dans le silence, dans une certaine

mort. On connaît l'histoire du mur. Un mur — celui que François fait construire autour de sa maison — peut-il se transformer en une feuille de papier, sur laquelle les gens de l'extérieur pourraient lire les messages du prisonnier volontaire ? François veut nous faire croire que la chose est possible, que même il pourra, à l'occasion, aller vider quelques verres avec les gars de l'hôtel Canada. Il n'est pas facile de le suivre sur ce terrain. François Galarneau est devenu un écrivain, un vrai, qui ne peut éviter l'épreuve de la solitude : tout le contraire de ce qu'imagine son frère Jacques, le *professionnel*.

On voit jusqu'où, à quel étrange abîme, ce petit roman si léger, si alerte, si aimable, conduit son lecteur. Étienne Lalou, le critique de *L'Express*, a parlé de désespoir : « Le désespoir d'un Québécois pas libre », titrait-il. Il était sans doute inévitable que le mur de François Galarneau, vu de Paris en 1967, parût avoir le sens d'une privation de liberté politique, et l'on admettra volontiers qu'il y a une once de vérité dans une telle extrapolation. Mais il est plus important, me semble-t-il, de souligner aujourd'hui la nécessité ressentie par la littérature d'opposer — de manière oblique, en paraissant participer à l'euphorie générale — au déferlement de l'*âge de la parole* la contradiction de l'écriture. Écrire, dit le roman, ce n'est pas parler, c'est même le contraire de parler ; c'est prendre distance, s'arracher à l'expérience immédiate, aux évidences premières de la communication, rendre opaque et difficile ce qui semblait clair et facile, allant de soi. La solitude, l'écriture testamentaire, la mort : c'est de cela que l'écriture est faite, quand elle ne se contente pas de dessiner des huit sur la glace du monde. Nous apprendrons d'ailleurs, dans le roman suivant, que *Salut Galarneau !* a été écrit « en institution, dans un grand hôpital sur les bords de la Rivière-des-Prairies ». Là même où Hubert Aquin, ou son personnage, avait écrit *Prochain épisode*.

*   *   *

Prochain épisode, donc. Un quart de siècle plus tard, *Le Temps des Galarneau.*

François Galarneau, qui tient toujours la plume — mais sans doute pianote-t-il plutôt sur un ordinateur —, a-t-il changé, évolué ? C'est ici le moment de dire qu'il n'est pas un personnage à la Balzac, pourvu d'une psychologie substantielle et complexe, un amas de pulsions et de réflexions où le lecteur, avec lui, trouverait plaisir et profit à se perdre. Si François Galarneau change, c'est que le monde a changé, le Québec tout particulièrement. L'immigration est à l'ordre du jour, sortant le Québécois-né-natif de sa suffisance, de son repos identitaire, de son assurance d'avoir un lieu bien à lui, dont personne ne pourrait le déloger. François, l'« écrivain naïf », toujours bon garçon, s'en va chercher à Paris une Cambodgienne qui, avec sa smala, l'expulsera à toutes fins pratiques de son appartement montréalais. Un de ses frères, « écrivain professionnel », vit à Paris comme il se doit. Un autre fait des magouilles mal définies dans l'ensemble de l'univers habité, et finira mal. Mais ce n'est pas la question du langage, de l'écriture, de l'identité, qui dans ce roman entraîne le récit. Tout se passe, dans *Le Temps des Galarneau,* comme si le roman était entraîné par les actions plus que par les mots, vers une autre forme de solitude qui fait opposition, cette fois, à la version optimiste de la convivialité culturelle. Est-ce que nous lirions, dans *Le Temps des Galarneau,* ce roman du « désespoir » qu'Étienne Lalou lisait déjà dans *Salut Galarneau !* ? C'est plutôt de *dés-espoir* qu'il faudrait parler, c'est-à-dire non pas d'une tragédie mais d'une disparition tranquille de l'espoir. Il n'y a rien de romantique dans la décision prise par François, à la fin du roman, de se lancer dans un voyage interplanétaire. Dépossédé, volé en quelque sorte par les immigrants qu'il a fait venir au Québec, volant à son tour (en revanche ?) un patron qui pourtant l'a assez honnêtement traité, il ne lui reste plus qu'à transformer le vol en envol, Galarneau devenu Galarneaute. C'est une solution que plus d'un personnage a déjà appliquée et continuera d'appliquer dans l'œuvre de Jacques Godbout.

Les deux romans se terminent par le même mot : « Stie ». On peut penser qu'il n'est pas prononcé, ici et là, sur le même ton, avec le même accent. À la fin de *Salut Galarneau !*, il est dit par un François encore gonflé à bloc qui rêve malgré tout de se faire lire. Dans l'autre roman, le mot constitue à lui seul le paragraphe final, et je parierais qu'il exprime une certaine amertume, peut-être même une rage rentrée. On a beau pratiquer la rhétorique comme un des beaux-arts, il n'est pas facile d'être un Galarneau, de porter le nom du soleil, de nourrir en soi d'immenses désirs qu'une existence maligne — et l'habitation d'un pays *incomplet* — s'emploie constamment à décevoir. Mais si François Galarneau était un chanceux, un champion, un gagnant, il ne nous serait pas devenu fraternel à ce point. Il a peut-être raison de penser que le vrai bonheur, pour lui, ne peut se trouver que dans les espaces interstellaires. C'est un poète.

2000

20

Sagesse et Morency

Quand je pense à l'œuvre de Pierre Morency, un passage de *La Vie entière* me revient à l'esprit, que je vais relire pour m'assurer que je le citerai exactement :

> Est-ce à dire qu'ainsi tu deviendras un peu sage ? Et pourquoi pas, si la sagesse est vraie jeunesse, fraîcheur de clairvoyance, expérience muée en pensée, acceptation calme des contradictions de l'existence, si la sagesse est la danse du goût de la danse. Devenir sage n'est pas vieillir. Vieillesse n'est pas sagesse. C'est couler qu'il faut, laisser couler le temps au plus profond de soi, couler dans la lumière de chaque instant qui nous est donné.

On a reconnu le ton. La prose de Pierre Morency se donne, dans son rythme, dans son vocabulaire, dans ses images, la sagesse même dont elle parle. Je ne sais pas si l'on mesure ce qu'a d'exceptionnel, dans les lettres québécoises, un tel recours à la sagesse, une telle habitation de la sagesse. Nous sommes des gens pressés, plus confiants dans l'acte vif, le gain rapide (fût-il intellectuel), le coup de force que dans la fructification du temps : voyez quelques-unes des meilleures œuvres de notre littérature, de notre roman tout particulièrement, il n'est pas nécessaire de les nommer. Je ne porte pas, là-dessus, un jugement de valeur. La rapidité, l'agilité, l'éclat définissent un style ; la sagesse en est un autre — plus rare.

Le temps, donc. Le temps qu'il faut, par exemple, pour observer un oiseau, non seulement par le regard objectif mais aussi bien par l'imagination, pour entrer en complicité avec lui, comme le fait Pierre Morency dans ces trois livres admirables que sont *L'Œil américain, Lumière des oiseaux, La Vie entière*. Celui qui marche dans la campagne ou la forêt pour rencontrer des oiseaux sait qu'il devra attendre, se tenir longtemps dans l'attente, et que l'attente est aussi importante, sinon plus, que la rencontre. Il entre dans le temps, ou plus justement il se soumet à lui, car à vouloir le maîtriser il le perdrait à coup sûr. Le temps est un don de la nature, et cela encore, l'amour de la nature, la communion avec la nature met Pierre Morency à part dans notre littérature. Quelques autres écrivains québécois s'y trouvent avec lui mais il est le seul, me semble-t-il, à l'avoir pratiquée de façon tout unie, quotidienne, et à l'avoir perçue sur le mode du temps, à la fois comme l'observateur nomme les choses et les êtres par leur nom propre, si je puis dire, et comme rêveur, comme écrivain, comme poète.

Ne parlons pas, si vous le voulez bien, d'un retour à la simplicité, à ce qu'on appelle trop facilement le naturel. Pierre Morency a beau dire, dans le texte dont je citais plus haut un extrait : « Lave-toi de ces idées toutes faites, de ces jugements pervers qui circulent autour de toi et qui émanent des systèmes de la négation et de la pesanteur », il sait bien que l'accès à la sagesse n'est pas donné. La sagesse est au contraire, et comme par essence, la réunion toujours à refaire de plusieurs éléments opposés, apparemment inconciliables, qu'elle a pour mission de mettre en équilibre ou en tension, sans enlever à aucun d'eux ce qui le fait particulier. Aussi bien ne peut-elle être gagnée qu'après coup, après quelque dure traversée. C'est l'histoire même du beau texte que je lis, et qui s'intitule « Mitan ».

Le narrateur part de la ville de Québec — Québec et Pierre Morency ne peuvent exister l'un sans l'autre —, « un jour d'arrière-saison », et se retrouve comme par hasard, sans l'avoir projeté, sur la route qui traverse l'île (vous savez laquelle), la route du Mitan, du milieu. « En plein milieu de la route du Mitan, écrit-il, il arrive ceci de très étrange que tout à

coup on ne sait plus où l'on se trouve. » Ce « on » cache un
« je », et l'expérience d'égarement, la sorte d'extase, d'illumi-
nation qu'il connaît là est de celles, aussi bien, du « mitan »
d'une vie :

> Beauté de la paille dorée. Versement solaire sur les sillons.
> Les insectes de septembre craquent, rampent, volettent. De
> minuscules papillons blancs ou jaunes flottent sur tout cela
> et composent à leur manière le grand silence qui me tra-
> verse.

Du même mouvement, le narrateur se perd et se retrouve,
par-delà la grande crise du milieu de l'existence qu'il vient de
traverser. La confidence, chez Pierre Morency, ne peut être que
discrète, réduite à quelques notations justes, sans complaisance. « J'ai connu cela : l'orage, la foudre… » Et c'est parce
qu'il a connu, qu'il a traversé « cela », qu'il peut retrouver la
sagesse dont tout le texte est empreint. Il a reçu, note-t-il, l'aide
de la musique ; celle, particulièrement, du *Quintette* avec deux
violoncelles de Schubert. Je pense à François Mauriac revenant à la vie, après une très grave intervention chirurgicale, en
écoutant les *Quatuors* de Mozart. La musique, art du temps…
La prose de Morency s'écrit dans l'*après*, là où règne un
temps de sagesse qui ressemble à celui de la nature. L'orage,
lui, appartient au poème. Je relis le livre intitulé *Quand
nous serons*, qui réunit les recueils publiés de 1967 à 1978, et je
m'étonne de trouver la poésie de Morency vouée avec une telle
constance au tumulte, à la collision verbale, aux aspérités des
contraires :

> Cet hiver-là la ville avait été vidée de son sang
> Cet hiver-là durait depuis toujours
> Et l'on voyait à tous bouts de champs
> Le squelette des horloges
> La peau des maisons avait cédé sous les couteaux
> [du nordet…

Ici, le poète se fait chantre de désolation ; ailleurs, il cédera à la colère, produisant un torrent de mots réunis par la seule intention de la révolte ; ailleurs encore, il se livrera au « simple plaisir de prononcer » ou il racontera des histoires absurdes, à la Michaux, à la Giguère :

> Un monsieur sans oreilles et pierreux dans ses côtes
> Sort élégamment de ses rêves
> Il est huit heures…

Ce qui fait l'unité d'une poésie aussi diverse, c'est le souffle, toujours puissant, c'est la voix, riche, belle, disons intelligente — celle d'un artisan de la radio comme il y en eut peu dans notre histoire. Je l'entendais l'autre jour, ayant ouvert l'appareil à tout hasard. Pierre Morency parlait d'un Québec à la fois réel et rêvé qui se passait très bien, merci, des images de la télévision.

2000

IV

21

Les errances de Berthelot Brunet

« Je ne sais pas faire un livre », disait-il. Et encore : « J'ai toujours voulu écrire à la diable et à la va-vite, chacun de mes
livres n'étant que la préface à un autre. » Il est dangereux pour
un écrivain de se déprécier lui-même avec une telle candeur ; il
arrivera qu'on le croie sur parole. Si, au surplus, on apprend
qu'en effet il a écrit plusieurs de ses livres pour son propre plaisir ou parce qu'on les lui avait commandés, comment voulez-
vous qu'il soit reçu avec considération dans les milieux où se
fabriquent les réputations littéraires ? Le lecteur consciencieux
a généralement l'impression de travailler en lisant un livre ; il
exige, en conséquence, que l'auteur l'ait fait avec difficulté. Au
Québec tout particulièrement, où l'on pratique la méfiance
comme un des beaux-arts, malheur à l'écrivain qui sera trouvé
trop léger, trop rapide, trop divers, trop peu soucieux des
genres et des techniques ! Nous préférons souvent les tâche-
rons littéraires à ceux qui ont reçu la grâce de l'écriture.

Berthelot Brunet fut-il un grand écrivain ? Non, sans
doute. Il aurait ri tout le premier d'une telle prétention, et son
principal commentateur, Paul Toupin, écrivait avec une sorte
d'amertume, en 1950 : « Je le tiens responsable de l'œuvre qu'il
n'a pas laissée. Car les livres qu'il a écrits ne correspondent à
rien, ni avec sa réalité d'âme en peine, ni avec son talent. »
Devenu « docteur en Berthelot Brunet », en 1965, il nuancera
ce jugement mais le maintiendra pour l'essentiel ; l'amitié
est souvent plus exigeante que l'inimitié. La distance entre
l'homme et l'œuvre, l'œuvre espérée, entrevue et l'œuvre réa-
lisée est-elle donc si grande chez Berthelot Brunet ? Pour nous,

aujourd'hui, la question ne se pose plus guère, parce que nous savons l'impossibilité d'y répondre. Le seul Brunet qui nous requière, qui nous appartienne est celui de ses écrits ; et cet homme, qui n'a pas construit un grand édifice littéraire, demeure à nos yeux un écrivain extrêmement vivant, un de ceux, rares à son époque et encore assez peu nombreux dans la nôtre, dont l'écriture est en quelque sorte l'élément naturel. Son œuvre est inégale, et devait l'être. Il s'est défini lui-même comme un polygraphe et ses livres, quelque forme qu'ils empruntent, ont toujours le charme et le décousu d'une conversation à bâtons rompus. Il disait que le meilleur de son œuvre se trouvait dans sa correspondance, et il se pourrait — mais le saurons-nous jamais ? — que cela fût vrai. Quand on lit Berthelot Brunet, on n'est jamais loin de la confidence, voire de l'autobiographie. Il conte, et le conteur ne se dissimule pas derrière ses personnages mais intervient à tout propos ; il fait de la critique, et c'est un écrivain qui rencontre d'autres écrivains, non pas un scoliaste en train de bâtir quelque système. Perpétuel étudiant, lecteur infatigable, observateur tour à tour amusé et scandalisé de la réalité sociale, il nous offre dans son œuvre une riche moisson de faits vrais. Mais le plus vrai de son œuvre, c'est lui-même : Berthelot Brunet, homme, écrivain.

Sur l'homme, sa vie, les renseignements dont nous disposons ne sont pas abondants. Né en 1901, il mourut jeune, en 1948, après ce que Paul Toupin a appelé une « vie de chien ». Notaire, il ne pratiqua pas longtemps sa profession ; il voulait ne s'occuper que de littérature, lire et écrire. On ne vivait pas longtemps avec cette ambition-là, il y a plus d'un demi-siècle, à Montréal. D'autant que la discipline et la régularité n'étaient pas les vertus principales de Berthelot Brunet. On peut imaginer un peu ce que fut sa vie en lisant ses livres ; mais on se méfiera, car l'auteur ne se privait pas de jouer des tours à la réalité. On lira, de Paul Toupin, sa thèse de doctorat (peu doctorale en vérité) sur Brunet, *Les Paradoxes d'une vie et d'une œuvre*, parue en 1965, et surtout, pour approcher

l'homme, l'émouvant *Rencontre avec Berthelot Brunet* (1950).
« Je sonnais, poussais une porte déjà entr'ouverte, montais
un escalier étroit à la fin duquel Berthelot apparaissait. Il
me disait bonjour d'une voix enrouée, me serrait la main,
à la française, d'une main molle et petite. Il ressemblait à
s'y méprendre à un Japonais avec sa robe de chambre, ses
lunettes, ses pantoufles, sa petite taille, sa politesse cérémo-
nieuse, timide. » Paul Toupin nous parlera de l'incroyable
machine à écrire sur laquelle Berthelot Brunet tapait ses
articles, de ses misères, de ses démêlés avec l'alcool et d'autres
stimulants, de ses séjours périodiques à l'hôpital — dont souvent il s'enfuyait quelques heures après y être entré —, d'une
petite vie de bohême assez triste, de l'homme profondément
ravagé qu'il était à la fin. De quoi vécut-il ? Il donna des articles
à la plupart des journaux et revues de Montréal, mais cela ne
lui rapporta en vingt-cinq ans guère plus, a-t-il dit, que deux
mille dollars. Nous ne savons presque rien de la vie matérielle
de nos écrivains ; sur Berthelot Brunet, moins que rien. Quant
à sa vie intime, sa vie spirituelle, les choses ne sont pas plus
claires assurément.

Le premier livre de Berthelot Brunet paraît, en 1942,
« avec la permission de l'Ordinaire », c'est-à-dire des autori-
tés ecclésiastiques. C'est que *Chacun sa vie* est le livre d'un
converti, d'une conversion. À quoi ? Au catholicisme évidemment. Mais qu'était-il donc auparavant ? Musulman, animiste,
calviniste ? Incroyant, tout bêtement. Comme le Philippe des
Hypocrites et d'autres personnages du même roman. Voilà de
quoi étonner le lecteur d'aujourd'hui, convaincu qu'avant la
Révolution tranquille c'était tout un d'être Canadien français
et catholique. Berthelot Brunet, donc, se convertit, et comme
tout bon converti il part en guerre, en croisade contre ses
anciens confrères, ce qui est encore un peu étonnant : y en
avait-il donc tant ? Peu importe, en vérité. Quand il s'en prend
au « voltairianisme », c'est à lui-même et plus qu'aux autres
qu'il s'en prend, aux assis de l'incroyance, honnis à l'égal de
ceux que plus tard il nommera les « hypocrites », les faux

dévots. Prenons garde d'ailleurs que la religion à laquelle vient ou revient Berthelot Brunet n'est pas tout à fait celle des penseurs dominants de l'époque, les Lionel Groulx, les Papin Archambault et leurs évêques ; il ne fréquente que « les bas-côtés de l'église ». Dans *Chacun sa vie*, il a deux cibles principales : le « voltairianisme au rabais », mais aussi « le nazisme d'importation », c'est-à-dire les sympathies qu'on entretenait alors au Québec pour diverses formes de dictature, l'espagnole et l'italienne à vrai dire plus que l'allemande. Il n'est pas ce qu'on appelle un catholique de gauche, non, grands dieux, bien qu'il ait régulièrement collaboré à la seule revue de cette époque qui méritât un peu cette étiquette, *La Relève*, mais il refuse de se laisser embrigader dans les vieilles croisades obscurantistes du Canada français. Je n'entre pas dans le détail de *Chacun sa vie*, qui est à la fois un livre de polémique — interne et externe —, de réflexion et même de prière. Mais il y a des mots, des phrases dont on se souvient. « Je ne suis pas vraiment moi chez moi. » Sur les bons catholiques : « On dirait que, pour de saintes gens, il est plus aisé d'aimer Dieu que le prochain : on connaît mieux son prochain. Aimer Dieu est, aussi, plus distingué. » Sur les bourgeois canadiens-français qui rêvent depuis longtemps d'un chef : « Votre imprudence, votre étourderie vous donneraient de vrais maîtres, cette fois, et un maître qui gouverne pour vrai, ce n'est pas drôle. » Aux idéalistes qui disent du mal de la démocratie, sans d'ailleurs l'avoir vécue bien fortement : « Ce n'est pas la démocratie qui est médiocre, c'est l'univers. » Enfin, contre les forcenés de la mise en ordre politique : « Je me défie des hommes et des peuples qui ne prennent jamais de repos. »

Je doute qu'aujourd'hui, au Québec, on soit prêt à lire le Berthelot Brunet de *Chacun sa vie*. Il faudra attendre encore un peu, que nous soyons mieux dégagés de nos petites histoires cléricales, de nos ressentiments. Le critique lui-même, l'auteur de *l'Histoire de la littérature canadienne-française* (1946, rééditée en 1970 avec un choix d'articles divers) et de la posthume *Histoire de la littérature française* (1970), n'a pas très bonne presse auprès des esprits extrêmement sérieux que nous sommes devenus. La première de ces histoires a été présentée par le professeur Wyczynski d'Ottawa comme « un exemple typique de la façon dont il ne faut pas écrire l'histoire d'une littérature ». Si l'on conçoit l'histoire littéraire à la manière de l'honorable professeur, comme un exercice d'érudition, il est évident que Berthelot Brunet ne la respecte pas. Mais il avait d'immenses lectures, anciennes et modernes, une science très sûre, bien que techniquement non élaborée, des effets de l'écriture, celle des autres et la sienne, toutes qualités qui ne sont pas monnaie courante chez nos historiens de la littérature. Oublions le mot histoire, s'il gêne les professeurs ; parlons plutôt de critique et disons que Brunet, malgré les apparences de fantaisie qu'il donne à ses analyses, mérite d'être lu avec attention. J'en ai fait l'expérience avec des étudiants parfois, notamment à propos des *Demi-civilisés* de Jean-Charles Harvey et d'*Un homme et son péché* de Claude-Henri Grignon. Il y a là de quoi remettre en marche la machine critique sur des œuvres dont la critique officielle a trop rapidement fixé l'image. Quant à l'*Histoire de la littérature française,* elle offre au lecteur québécois le bel exemple d'un esprit totalement à l'aise dans les vastes espaces du patrimoine, ne craignant pas de le revendiquer en totalité pour lui-même. Il y retrouve sa parenté : « Montaigne est l'ancêtre de tous ces écrivains débraillés, un débraillé qui se surveille, qui sont le charme des lettres françaises. » Attention : cela paraît léger, virevoltant, écrit au fil de la plume, mais les lectures sont sérieuses, bien informées, et les deux pages par exemple que Berthelot Brunet écrit sur l'historien Michelet sont d'une acuité remarquable. Il a bien vu, à une époque où cela n'était pas perçu par tout le monde, que Michelet était le plus grand prosateur de son siècle, que *La Sorcière* est « le plus beau poème sombre de la langue française », et il conclut justement : « La France n'a donc qu'un grand historien, Michelet, qui est un grand romancier. »

Arriverai-je enfin aux *Hypocrites* ? Encore un détour, un

dernier détour, car ce livre est un livre redoutable, plein de chausse-trappes, de fausses fenêtres, de pièges divers, et il importe de ne pas y entrer sans quelques précautions. Le détour passe par le recueil intitulé *Le Mariage blanc d'Armandine* (1943), qui est probablement celui des ouvrages de Berthelot Brunet auquel on a fait le moins de reproches. C'est que voici, en effet, des récits bien tricotés, très libres d'allure assurément puisque nous sommes chez Berthelot Brunet, mais où le commencement, la suite et la fin se suivent sans trop de soubresauts. Pour moi, cependant, je passe un peu vite, car si les spécimens d'humanité observés ou inventés par l'auteur sont assez curieux, ils nous touchent rarement tout à fait, ils demeurent un peu loin de nous, comme Berthelot se tient devant eux à une bonne distance ironique. Mais surtout, j'ai hâte d'arriver au dernier texte du livre, « Le naïf », qui est à la fois un autoportrait convaincant et l'ébauche de ce que sera, dans *Les Hypocrites,* le personnage de Philippe. Le style change, se fait plus sobre, plus tendu : « Philippe était né avec des lunettes ; il fut toujours naïf, et jamais ses yeux écarquillés ne cessèrent leur étonnement. » Faux étonnement, bien sûr, feinte naïveté, naïveté à lunettes, pas très éloignée de celle d'un certain Candide. Philippe est « naïf » parce qu'il croit qu'un notaire doit s'occuper d'actes, et non de placements ; parce qu'il ose dire ce qu'il pense ; parce qu'il trompe, comme tout le monde, mais sans y mettre les formes ; parce que, converti, il ne devient pas dévot ; parce que, enfin, il ose rire dans cette « vallée de larmes » qu'est l'existence.

Il serait simple, trop simple de dire qu'en devenant personnage de roman Philippe devient le « naïf » parmi les « hypocrites ». Entre les quatre pages du « Naïf » et les deux cent cinquante des *Hypocrites,* les choses vont se compliquer considérablement, ne serait-ce que pour cause de longueur. Philippe sera, dans le roman, naïf et tout le contraire d'un naïf, un homme « pourri de littérature », c'est-à-dire de lucidité. L'auteur le dira « timide » à plusieurs reprises, mais ce timide n'hésite pas à taper tous ceux qu'il rencontre, à voler, à commettre surtout des mots féroces qui lui mettent beaucoup de monde à dos. Enfin, il n'est pas jusqu'à l'hypocrisie des dévots qui ne déteigne sur lui, et il ne s'épargne pas les reproches à ce sujet. Si Berthelot Brunet distribue les étiquettes négatives avec une telle prodigalité, c'est probablement parce qu'il avait rêvé de faire un roman de caractères, un roman d'analyse à la française, mais ces définitions non seulement collent mal, mais elles masquent plus qu'elles ne révèlent la nature des personnages, au premier chef celle de Philippe. Celui-ci est, à vrai dire, un personnage insaisissable ; et plus son auteur tente de l'expliquer, de le faire réfléchir, raisonner sur lui-même, plus sûrement il échappe à notre prise. Je ne parle que de lui, parce que les autres personnages du livre, comparses divers (souvent pittoresques) et même cette Claire qui apparaît et disparaît au cours du récit avec une soudaineté déconcertante, tous ces personnages sont vraiment, au sens fort, secondaires. Le livre n'existe que par Philippe, par l'énigme qu'est Philippe. Commençons par le plus visible, l'incontestable : Philippe boit comme un trou ; pire, il se « dope », il est esclave de la « dope » ; il n'hésite pas à séduire les femmes de ses amis, et il se retrouve assez souvent au bordel ; il n'a aucun scrupule à mentir, à voler. Aussi bien n'est-il pas étonnant qu'un critique signant L. P. dans *Le Canada français* le déclare « répugnant », que Roger Duhamel, dans *L'Action nationale*, renchérisse : « l'un des personnages les plus répugnants de nos lettres », et que dans *Les Carnets victoriens* on parle d'un « réalisme dégoûtant ». Ce qui est étrange, c'est qu'on n'insiste pas, que tout en déplorant le manque d'unité de l'ouvrage on termine en louant les qualités de l'écrivain, qu'on ne crie pas au scandale. Un seul critique, dans *La Nouvelle Relève*, s'est étonné. « J'ai lu l'ouvrage de M. Brunet deux fois, écrit-il. À la fin de chaque lecture, je croyais rêver. Je me refusais à croire que dans la province de Québec on puisse écrire *Les Hypocrites*. »

Nous sommes en 1945. Pour quelques pages à peine lestes, dans *Au pied de la pente douce* et dans *Les Plouffe*, Roger Lemelin se fera gronder ; et l'on pardonnera difficilement à la

Florentine de *Bonheur d'occasion* sa *faiblesse coupable*. Les années de guerre, la prolifération du livre français, l'édition québécoise ont un peu endormi la censure, mais elle a tout de même le sommeil léger. Est-ce la conversion finale de Philippe qui arrange les choses ? Roger Duhamel remarque avec raison qu'elle constitue la partie du roman « la plus faible et la moins convaincante ». On bien serait-ce qu'on ne prend pas au sérieux le « fantaisiste » qu'est Berthelot Brunet ? Il y a du vrai dans toutes ces raisons, mais il me semble surtout que son roman a évité le scandale *en allant trop loin*. Philippe n'a rien, absolument rien à voir avec les personnages de romans qui sont ses contemporains immédiats, ceux de Lemelin, Gabrielle Roy, Germaine Guèvremont, voire les jeunes hommes inquiets de Robert Charbonneau. On peut lui imaginer des cousins éloignés, du côté de la France métropolitaine : quelque personnage de Huysmans (sans le dandysme), de Céline (sans la rage), de Sartre (sans la philosophie) ; il les a lus, sans doute. Au Québec, pour lui trouver de la parenté, il faudra attendre les années cinquante ou soixante, le père de Jean Cherteffe dans l'*Évadé de la nuit* d'André Langevin ou encore *Le Libraire* de Gérard Bessette. En somme, des gens revenus de tout, qui subissent vaille que vaille une existence sans raisons. Dans cet enfer de l'indifférence, Philippe ne se laisse distancer par personne. Qu'on lise le plus long, le plus terrible, le plus beau chapitre du roman, « Vingt-quatre heures » : « Philippe s'était assis, parce qu'il ne pouvait plus avancer. Il était acculé, il n'avait plus de but immédiat. Tout à l'heure, il avait vidé sa dernière bouteille de *jaune...* » Parfois, dans *Les Hypocrites* comme dans *Le Mariage blanc d'Armandine,* Brunet se distrait, s'amuse à brosser des caricatures, à *faire des mots* ; ici, dans ce chapitre, on est dans la vérité nue, à peine soutenable.

Les personnages des romans que j'ai évoqués plus haut, de Roquentin au Jodoin de Bessette, peuvent donner les raisons (vraies ou fausses, peu importe) de leur désaffection, de leur rupture de contrat avec le monde. Philippe, non ; il s'enfonce, voilà tout. On sent bien qu'il serait tout à fait inutile de faire appel aux petites catégories morales ou psychologiques dans lesquelles, assez capricieusement d'ailleurs, Brunet tente d'enfermer son personnage : naïveté, timidité, hypocrisie, orgueil. Tout se passe comme si la raison de cette misère était si générale qu'elle ne pouvait se confondre qu'avec l'écriture même. Qui est Philippe ? L'amoureux des mots, celui qui « aimait les mots d'amour » et depuis son adolescence n'avait entretenu que cette seule passion, excessive peut-être en elle-même — « Philippe s'était trop lu pour n'avoir pas le goût de changer de peau » — mais surtout incongrue, inconvenante foncièrement dans un milieu social inapte à la recevoir. L'amour du langage ne produit pas d'ailleurs que du malheur, dans *Les Hypocrites*. Relisons un beau paragraphe du chapitre intitulé « La confession », où Berthelot Brunet célèbre moins l'automne lui-même, la belle saison mourante, que... le comparatif :

> C'était un beau samedi d'automne. Ça sentait le congé. Aux arrêts de tramway, il y avait plus de jeunes femmes, mieux maquillées, dans des manteaux plus neufs. Les hommes, eux, se pressaient moins. Ce n'était pas tout à fait la lenteur des dimanches, et ce n'était pas non plus la précipitation de la semaine. Il y avait aussi plus de jeunes chiens qui couraient. Sur les marches des maisons, les jeunes filles prenaient plus de temps à vérifier leur rouge dans le petit miroir. Tout le monde s'acheminait au théâtre, au cinéma. Philippe allait à confesse.

Mais la passion des mots, de la littérature, de l'écriture, du langage, *cela se paie*, comme l'ont su, avant Philippe, Émile Nelligan et Saint-Denys Garneau. On n'échappe pas à la contrainte sociale, et la passion de Philippe devient, par l'isolement où elle jette le personnage, un véritable dérèglement, au for interne — elle l'empêche de démêler ses propres sentiments, de les vivre — comme au for externe. Riche de ses surabondantes lectures, Philippe devait devenir le « mauvais pauvre », pour reprendre l'admirable expression de Saint-Denys Garneau, d'une société où la valeur langage n'avait à peu près pas cours.

Nous n'avons que le premier tome des *Hypocrites*, intitulé *La Folle Expérience de Philippe*. Un autre devait s'intituler *Le Journal de Claire*, et donner sur Philippe un nouvel éclairage. Un troisième, *Les Hôpitaux de Philippe*. Berthelot Brunet les aurait-il écrits, ces romans, si sa santé avait résisté aux coups terribles qu'il lui portait lui-même ? On peut en douter.

1989

22

Force de Saint-Denys Garneau

Je pars d'une phrase, et j'allais écrire de n'importe quelle phrase, tant elles sont nombreuses dans le *Journal*, dans les lettres, dans les poèmes même de Saint-Denys Garneau, les phrases qui disent à peu près la même chose, qui rendent le même son. La phrase, donc : « On peut apporter à dire, à écrire, etc. une intempérance plus coupable que celle de la chair. » Par ces quelques mots, me voilà reporté au début des années cinquante, plus précisément en 1953, année de la première parution du *Journal*. Nous lisions cela pour la première fois et nous étions saisis à la fois d'admiration et de frayeur, d'admiration pour cette prose qui exposait à la lumière les interdits religieux les plus solidement enracinés dans notre culture, et de frayeur, parce qu'obscurément sans doute nous craignions, malgré les progrès évidents (mais lents) de notre libération, de retomber dans les mêmes ornières. Quelques années plus tard, en 1960, l'année-symbole de la Révolution tranquille, nous lirons dans *Convergences* la célèbre philippique de Jean Le Moyne : « Je ne peux pas parler de Saint-Denys Garneau sans colère. Car on l'a tué. » Qui, on ? La société canadienne-française, ou plus justement ce que Le Moyne appelait « l'aliénation canadienne-française », fuite éperdue devant la vie, l'amour, la joie. Ce grand texte de colère et de compassion a fixé pour longtemps la figure du poète, de l'écrivain, et a sans doute confirmé dans leur éloignement certains lecteurs déjà ennuyés par la thématique de l'œuvre de Saint-Denys Garneau. On n'entendait plus l'autre voix, la voix feutrée de l'autre ami, Robert Élie, qui dans la préface des

Poésies complètes avait mis le lecteur en garde contre la tentation de voir dans la crise de Saint-Denys Garneau « les phases de quelque maladie cataloguée » et l'invitait plutôt à y lire « une rencontre décisive (du poète) avec sa destinée, qui est la découverte de sa vocation de poète, et cette autre rencontre avec la mort qui lui révèle en même temps le vrai visage de la vie ». On ne l'entendait pas, cette voix, parce qu'elle disait tout le contraire de ce que répétait chaque jour le discours progressiste des années cinquante : on n'en avait que pour la santé psychique, l'équilibre, la guérison d'une sorte de maladie nationale dont l'œuvre de Saint-Denys Garneau semblait reproduire les symptômes les plus inquiétants. La psychanalyse arrivait, jetant un regard sévère et profondément désolé sur une longue tradition de culpabilité morbide, de refus de la vie. La nouvelle poésie, celle de l'Hexagone, rêvait de « Beauté sans voile ni remords », selon l'expression de Jean-Guy Pilon, en 1954, dans *Les Cloîtres de l'été,* et voulait avant tout « réapprendre les espoirs nécessaires ».

Le vœu de renouveau du jeune poète (qui représente ici toute une génération) implique de toute évidence une rupture, aussi nette que possible, avec l'aveu d'« intempérance coupable » consigné dans la phrase de Saint-Denys Garneau. Comment, cette rupture, ne l'aurait-on pas voulue de toutes ses forces ? La phrase de l'aîné est effrayante, en effet. Elle accueille et reconduit la hantise de ce qu'on appelait autrefois le péché de Québec, le péché de la chair, et en étend la contamination jusque dans l'écriture elle-même. Et ce n'est pas seulement l'intempérance qui est visée, l'abus, l'excès mais la chose même, la chair encore et plus encore le dire, l'écriture, cela même que Saint-Denys Garneau pratique pour ainsi dire sous nos yeux. Les phrases de ce genre, venues de la tradition la plus vénéneuse de notre culture religieuse, sont légion dans le *Journal,* et font comprendre la douloureuse indignation de Jean Le Moyne. Aujourd'hui encore, on ne lit pas Saint-Denys Garneau sans risque, sans danger. Je me croyais mithridatisé, après tant d'années, et pourtant, en traversant au cours des derniers mois la grande édition Brault-Lacroix et les *Lettres à ses amis*, j'ai encore été saisi par une sorte de vertige. J'ai mieux compris, notamment, pourquoi la critique anglo-canadienne, à la sortie du *Journal* en traduction, s'était montrée si réfractaire aux craintes, aux scrupules, aux distinctions morales infimes, à tout le fatras vieux-catholique qui occupe une grande partie du texte. Il y a là, oui, disons-le, une quantité considérable de discours anémique, entravé par l'imaginaire de la faute. Et l'impression est particulièrement forte dans l'édition Brault-Lacroix, plus complète, plus fidèle au manuscrit que l'ancienne édition Le Moyne-Élie, à cause de l'état d'improvisation, d'inévitable désordre dans lequel se présente le texte. Une telle édition était sans doute indispensable, mais à cause du soin infini qu'elle met à rassembler les broutilles textuelles, en s'interdisant explicitement toute forme de choix ou de hiérarchisation, elle peut rendre problématique la rencontre entre Saint-Denys Garneau et son lecteur.

Je reviens à la phrase de tout à l'heure, à la phrase terrible sur le péché d'écriture déclaré plus grave que celui de la chair même, ce dernier occupant d'ailleurs l'espace général de la faute. En aggravant ainsi les choses, en faisant porter à l'écriture la faute essentielle, la faute de la chair, de toute chair, Saint-Denys Garneau confirme-t-il vraiment une tradition de prudence, de stérilité entretenues ? Ou bien ne faudrait-il pas penser, au contraire, qu'en passant ainsi à l'excès il change de terrain, il se déporte dans un autre lieu, constitué par la question fondamentale de l'écriture ? Le *Journal* ne parle presque pas d'autre chose : il s'agit toujours d'écrire, de renoncer à écrire, de recommencer à écrire, d'affronter l'écriture comme une nécessité inéluctable en même temps qu'un luxe interdit, de la vivre à la fois comme une grâce imméritée et comme un immense péril. Il faut mesurer la gravité d'une telle entreprise ; et surtout, dès le départ, l'arracher aux circonstances biographiques, à l'anecdote, aux impressions hâtives. Disons tout simplement, pour nettoyer un peu l'atmosphère, que Saint-Denys Garneau n'était ni bigot ni puceau, et passons à autre chose, à l'essentiel, à cette plongée dans l'écriture qui n'a d'équivalent dans aucune autre œuvre québécoise, même si l'on en perçoit quelques échos chez de jeunes écrivains, un Réjean Ducharme, un Jacques Poulin. L'héritage de Saint-Denys Garneau se reconnaît plus facilement chez les prosateurs que chez les poètes, les praticiens de la poésie, sans doute parce qu'il a toujours lui-même travaillé, même dans le poème, au plus près des sévérités de la prose.

Le sentiment d'intempérance, de faute dont parle la phrase de Saint-Denys Garneau répond très exactement à la force d'un désir, et plus : d'une décision. Six ans plus tard apparaît dans son *Journal* cette injonction péremptoire : « Écris. » Point, sans complément. Des compléments, il tente d'en trouver dans les lignes subséquentes : « Ne permets pas qu'un moment de toi retourne au néant dont il semble venir. Quand une pensée ou un sentiment ou une impression traverse ton âme et que cela semble une partie de toi-même, une parcelle de ta vie, retiens-la, exprime-la autant que tu peux, donne-lui la forme la plus belle, si tu peux très belle. » Ce n'est pas grand-chose, une pensée, un sentiment, une impression qui « traverse ton âme » ; en fait, la matière de l'écriture c'est l'âme même, c'est le « moment de toi », l'expérience personnelle déjà saisie par le désir d'écrire. Saint-Denys Garneau ajoute : « Pourquoi ? Je ne sais. » Et il n'y a rien à savoir en effet, car l'écriture se suffit à elle-même. N'imaginons pas ici quelque perversion narcissique, une réduction du monde à ses seuls signes, une sorte de dévitalisation : il y a des pensées de Saint-Denys Garneau sur la musique, la peinture, sur la politique même — je pense à ses réflexions sur le nationalisme — qui nous intéressent au plus haut point, et d'autre part le spectacle bienfaisant de la nature est présent dans le *Journal*, la correspondance et les poèmes comme il ne l'est pas souvent dans la littérature québécoise. Mais tout cela est emporté par une écriture qui n'épouse pas les intérêts du monde, une écriture qui a ses propres intentions et entraîne ses propres sujets dans une direction toujours imprévue. Disons autrement :

l'écriture est vouée, chez Saint-Denys Garneau, à ce qu'on oserait appeler le *détournement de sens*.

Il faut lire les premiers textes, les premiers essais, les premières lettres de Saint-Denys Garneau pour prendre la
mesure du désir qui le poussait vers l'écriture, la constance
avec laquelle, dans une existence instable, il a maintenu le cap
sur elle. Ces textes ne sont pas toujours agréables à lire ;
comme ceux de beaucoup de grands écrivains qu'on a entassés
dans les éditions critiques, ils ont une naïveté, une faiblesse
d'imagination, une suffisance même assez pénibles, pour lesquelles la richesse des œuvres futures n'inspire qu'une indul-
gence malaisée. L'ensemble le plus révélateur de la *Correspondance* de Saint-Denys Garneau, à cet égard, est constitué par
les lettres à Françoise Charest, écrites de 1928 à 1931, c'est-
à-dire entre seize et dix-neuf ans. Le voici, l'écrivain en herbe,
tout plein de considération pour ses dons, prodigue en
coquetteries littéraires de toutes sortes, transcrivant soigneusement les lettres qu'il écrit à la demoiselle, lui parlant
d'amour et de littérature (les deux sujets sont indissociables à
cet âge), alors que tout ce qu'il veut, d'évidence, c'est s'exercer
à l'écriture, se faire des muscles littéraires, devenir l'écrivain
qu'il rêve d'être et qu'il croit peut-être incarner déjà. « Je vous
écris un mot, dit-il à Françoise, pour vous donner mes idées
sur l'élocution et le classique. Est-ce vraiment pour cela, et
n'est-ce pas un besoin que j'ai de vous écrire ? Je ne sais, ou
plutôt, je le sais peut-être… mais qu'importe, je vous écris. »
Qu'importe ce que je *vous* écris, qu'importe même que je *vous*
écrive, à *vous* : le jeune homme se sert de sa correspondance et
de sa correspondante pour se renvoyer à lui-même l'image de
l'écrivain rêvé. Au sortir de cette expérience, il écrira à un autre
correspondant, un des plus chers sûrement, André Lauren-
deau : « J'ai donc beaucoup changé ! Non, je me suis défini ;
j'étais tout et je suis devenu moi… » Ce moi solide, plein,
aimablement narcissique, qui entretient avec la nature un
contact de plus en plus délié, *productif,* qui parle de musique,
de littérature, de peinture avec une ferveur et une assurance

qui ne sont déjà plus celles d'un débutant, ce moi d'écrivain dont les dons commenceront à impressionner les lecteurs de la *Correspondance* est également celui qui peut déclarer à Jean Le Moyne en 1934 : « Voilà donc mon but : créer de la beauté, et participer à un mouvement de renaissance au Canada. » Louable ambition, sans doute : celle-là même d'un abbé Casgrain, perpétuée par tous ceux qui depuis lors ont eu à cœur de créer une littérature nationale.

Mais l'année suivante, en 1935, c'est le texte bien connu du *Journal*, le glissement de terrain, le moi détruit, en morceaux, privé de ses plus intimes assurances : « J'ai connu la semaine dernière une expérience intérieure de délaissement, d'humiliation, de solitude. J'ai remercié Dieu de ne m'avoir pas fait prévoyant, car continuer par l'imagination en longueur cet état d'extrême tension en même temps que cette sensation de précarité, d'inutilité, d'impuissance, m'aurait amené à une sorte de folie désespérée, abandon de tout l'être à un obscur aveuglement dont depuis cet automne surtout je sens la menace. » C'est ici, dans cette désolation, dans cette privation, et appelée par la privation non pour combler un vide mais l'accompagner en quelque sorte, en dessiner les figures, c'est ici que la force véritable, la force d'écriture, va apparaître.

Saint-Denys Garneau ne comprend pas, d'abord. Il emploie à plusieurs reprises, dans la suite du texte, le mot « difficulté », comme si ce qui se passe n'était qu'un empêchement temporaire, un obstacle qu'un peu de courage permettrait de surmonter, une crise dont la traversée devrait même produire un accroissement de perfection, d'assurance. Il s'encourage, se bat les flancs : « Ma grande difficulté à écrire ne me décourage pas. J'y vois une accentuation de sévérité qui m'est bon signe. Je veux une plus grande perfection ; et surtout plus de plénitude dans la forme. » Or la « perfection », la « plénitude », on le sait parce qu'on connaît la suite de l'histoire, c'est précisément à ce moment ce qui lui échappe, ce qui fait défaut et doit faire défaut pour qu'autre chose apparaisse. La même

confusion se produit — et comment ne se produirait-elle pas ?
— dans la phrase suivante, où il est encore question d'une
« difficulté » : « Cette sécheresse, écrit-il, cette difficulté vient
de ce que je suis à un tournant. Mon style tend à s'abstraire :
parce qu'il n'est pas assez fort, ni assez formé, il en reste mort ;
mais par le travail j'arriverai à lui donner de l'allure ; il est tué
par la difficulté qui l'arrête à chaque moment. » La force dont
on rêve ici est celle qui accomplirait, porterait à la perfection
celle d'avant, l'écriture qui jouait librement dans le monde, les
apparences, les ressemblances. Mais c'est une tout autre force
qui est exigée maintenant, et qui va même dans le sens
contraire de la précédente. Saint-Denys Garneau écrit, dans la
même note, ceci qui est sans doute mieux accordé à la situation dans laquelle il se trouve : « Je me détache du lyrisme
facile, coulant, qui s'emporte lui-même : je me détache des
mots. » Le « détachement », oui ; il en sera très souvent question dans le *Journal* et les *Poésies,* tantôt sur le mode de la
réflexion spirituelle, tantôt sur celui du récit, de la fiction. Mais
Saint-Denys Garneau pourrait, n'est-ce pas, dire exactement
le contraire : qu'il est désormais livré aux mots, à l'écriture,
d'une façon qu'il n'avait pas prévue, et qui exige non pas une
force de contrôle, de domination, mais une sorte de patience
— au sens excessif qu'a ce mot chez Rimbaud : « science avec
patience, le supplice est sûr » —, un laisser-faire plutôt qu'un
faire. Tout, chez Saint-Denys Garneau, ne consent pas à ce
désistement. Il subsiste encore un « je », dans la *Correspondance* comme dans le *Journal,* qui réfléchit à diverses choses,
qui pèse des scrupules, qui interroge son confesseur intérieur,
qui se pose des questions sans fin sur le monde ; mais il y a
aussi, de plus en plus fréquemment, une troisième personne,
« il » ou « on », parfois remplacée par un « nous » de conven-
tion, non pluriel, qui anime les textes véritablement souve-
rains de Saint-Denys Garneau, ceux qui font de lui un des
quelques écrivains majeurs du Québec. Je me limiterai ici aux
textes de prose, et particulièrement à ceux qu'on lit dans le
Journal.

Ce sont des récits comme sans auteur, comme parlant d'un quidam, d'une personne quelconque, vue d'un peu loin ou au contraire de tout près, sous la loupe, au microscope. On pense au grand texte du « Mauvais pauvre », devenu pour de nombreux lecteurs le texte emblématique de l'œuvre de Saint-Denys Garneau, mais ce texte n'est pas seul, il est accompagné de toute une série de récits semblables où se lit, à peine variée, la même histoire de dénuement, de dessaisissement, d'*ébranchement*. Beaucoup de ces textes sont présentés comme des « esquisses », des ébauches ; mais des ébauches qui, bien entendu, ne seront pas reprises, ne pourraient pas l'être, conduites jusqu'à la perfection rêvée. Esquisses, elles sont paradoxalement ce qu'elles doivent être, on n'attend d'elles rien de plus que ce qu'elles donnent, là, immédiatement. Entre la première et la dernière ligne il ne se passe presque rien, le texte suit son cours jusqu'à l'épuisement, épuisement de lui-même et du petit sens qu'il proposait, d'une faible image qui ne demandait qu'à être effacée et ne parvient même pas à l'effacement. Voici, par exemple, l'esquisse de nouvelle intitulée « Incongruité » : « On le voyait d'habitude avec un air d'attendre. Il se promenait non pas comme une âme en peine, mais comme un corps en peine. Il offrait aux regards une sorte de surface sans résistance… » Et cela continue ainsi, sans histoire(s) au singulier ou au pluriel, jusqu'à la conclusion qui n'en est pas une : « De sorte que cette soif qu'il avait, ou plutôt qu'il était avait tendance à faire craquer. » (Erreur, l'absence du pronom personnel attendu ? Ou plutôt suggestion que tout, en même temps que le sujet, est menacé de destruction ?) Mais il y a quelque chose, dans ces histoires de désastres, qui ne « craque » pas, qui est porté, soutenu par une très grande force, et c'est le mouvement même de l'écriture, son rythme sûr, son vocabulaire extrêmement exact. Cette écriture, qui semble n'avoir rien à dire que le désastre, se dit irréfutablement elle-même, n'arrête pas de dire par son mouvement même, par sa façon toute terrestre, si l'on peut dire, d'aller son chemin malgré tout, de dire sa très humble victoire sur ce qui est ligué contre elle, et d'abord le sens même, la tyrannie du sens, du discours qui voudrait *avoir raison.*

On pourra, non sans motif, parler de Kafka; mais un Kafka plus dépouillé encore que l'autre, moins imaginatif, de souffle court, sans juges explicites et sans château à l'horizon. On sera également tenté de s'en remettre à ce que dit Maurice Blanchot dans *L'Espace littéraire*: « Écrire, c'est entrer dans l'affirmation de la solitude où menace la fascination », et parlant du récit qui est « l'événement même » plutôt que « la relation de l'événement ». Aucun écrivain québécois n'est plus proche des réflexions de Blanchot sur l'écriture que Saint-Denys Garneau. Mais si l'écriture est chez lui menace d'une fascination, elle est aussi, contradictoirement et nécessairement, dans les circonstances particulières où elle s'est produite, revendication obstinée d'une liberté, nécessité ressentie d'une distance sans laquelle il serait illusoire de parler de culture. La *pauvreté* de l'écriture de Saint-Denys Garneau, soulignée à plus d'une reprise par les critiques de l'époque, notamment René Garneau, qui n'en avait que pour Grand-bois, est — travaillée, retournée, convertie en puissance — l'extrême pauvreté de son époque, et celle encore de la nôtre quand elle se mesure à ce qu'elle rêve d'être. Saint-Denys Garneau indique le passage, il le fraie. Et c'est pourquoi, seul des écrivains de son temps, il a eu, malgré les dénégations nombreuses, des héritiers. Non pas des imitateurs mais de véritables héritiers, c'est-à-dire des écrivains qui l'ont vraiment lu, qui ont repris la question de l'écriture où il l'avait laissée. Sans sous-estimer l'apport de la critique académique, il faut observer que le discours sur Saint-Denys Garneau a été tenu très souvent par des critiques ou des essayistes qui étaient au premier chef des écrivains, des praticiens de l'écriture, les Pierre Vadeboncœur, Jacques Brault, Pierre Nepveu, Jean Larose; et je n'oublie pas Réjean Ducharme qui, sans le nommer (mais Réjean Ducharme nomme rarement les écrivains avec qui il a le commerce le plus profond), a remis en œuvre le texte du poète dans ses premiers romans. Parmi les poètes qui ont constitué la première génération moderne de la littérature québécoise, Rina Lasnier, Alain Grandbois, Anne Hébert, aucun autre n'a eu cela.

La dernière phrase de Saint-Denys Garneau qui nous soit accessible forme le tout d'une lettre envoyée de Sainte-Catherine à Robert Élie, le 21 août 1943, deux mois avant sa mort : « Ne venez pas me voir. » Par son laconisme, son caractère absolument décisif, elle ne peut pas ne pas faire penser à la réponse donnée par Rimbaud à qui lui demande, trop tard, des nouvelles de sa poésie : « Je ne m'occupe plus de ça. » Ce mot d'adieu, cette injonction d'écart, Saint-Denys Garneau l'envoie à Robert Élie et par lui à d'autres intimes, Jean Le Moyne, Claude Hurtubise, c'est-à-dire à l'amitié la plus chaleureuse, la plus intelligente : on ne saurait donc y lire un refus simple, une manifestation d'hostilité. Imaginons que la phrase s'adresse également à nous, dans un sens légèrement différent, c'est-à-dire qu'elle nous demande de respecter une distance qui est celle même de la lecture. Lire Saint-Denys Garneau, aujourd'hui, ce n'est pas s'identifier à lui, comme Paul Chamberland se posant en « Saint-Denys Garneau sous le regard du mauvais pauvre », le répéter, le mimer. Ce serait, plutôt, entrer avec lui dans les voies d'une écriture de l'inquiétude, du dessaisissement. « Parole de poète, dit Blanchot dans *Le Livre à venir*, et non de maître. »

1994

23

Jean Le Moyne, le magnifique

C'était une tour. C'était un volcan. Il était capable des plus splendides colères et des plus cordiales amabilités. Sa culture était immense : les Pères de l'Église y côtoyaient Charlie Chaplin et les frères Marx, Bach et le blues américain, Henry James et Proust, les drôleries des *Pickwick Papers* de Dickens. Glenn Gould, le grand puritain, l'avait décoré du titre de « théologien », mais ce théologien, comme Claudel qu'il n'aimait guère, savait célébrer la chair comme personne. Comme Bernanos aussi, avec qui il avait des relations un peu difficiles, il avait exploré les abîmes de la déréliction et connu des accès de joie profonde, débordante. Féru de mécanologie, il lui arrivait des extases d'enfant devant une locomotive. Poète (à la Bachelard), adepte de l'esprit critique (à la Bachelard également), religieux, d'un seul tenant. Ce n'était pas simple. C'était assez magnifique.

Quand on recevait une lettre de lui, on était parfois un peu inquiet. Elle serait généreuse et intelligente, sans aucun doute. Mais il y aurait tout à coup, venu d'on ne sait où, ce paquet de mer qui nous atteindrait au visage et dont on mettrait quelque temps à se remettre. L'aventure était particulièrement périlleuse quand on lui envoyait un livre qu'on venait de publier. Le plus grand risque n'était pas de lui déplaire. Mais il nous lisait avec une attention qui atteignait l'auteur là où il aurait peut-être préféré ne pas aller !

Je l'ai connu au début des années cinquante. Jeune critique au *Devoir*, j'avais écrit un ou deux articles fervents sur Saint-Denys Garneau, et il m'avait invité à aller le voir dans l'appartement du boulevard Saint-Joseph. Il remontait doucement la pente, ces années-là ; ce n'était pas facile. La psychanalyse l'occupait beaucoup. Il était fidèle au souvenir et à l'œuvre de Saint-Denys Garneau, mais il travaillait à se libérer de ce qui, selon lui, avait tué son ami, au premier chef une conception dualiste qui écartait l'une de l'autre l'invitation de l'esprit et celle de la chair. « Je ne puis parler de Saint-Denys Garneau sans colère », écrira-t-il plus tard dans une conférence qui n'a pas toujours été bien comprise. « Car on l'a tué. » Comment a-t-on pu ne pas comprendre que cette colère n'était pas une déclaration *ex cathedra* mais le cri d'un homme blessé, révolté contre une tradition qui avait tari les sources mêmes de la vie ? C'est lui, Jean Le Moyne, qui devait écrire la préface du *Journal*, dont il avait préparé l'édition avec Robert Élie. Il y renoncera, incapable de mener à son terme une tâche, une histoire dans laquelle il était trop personnellement compromis. Je n'arrive pas à comprendre aujourd'hui comment, jeune critique, j'ai osé accepter sa demande de le remplacer. On ne sait pas toujours, à cet âge, à quoi on s'engage. J'ai compris les difficultés de Jean Le Moyne lorsqu'il m'a montré, après coup, les premières pages de ce qui devait être sa propre préface. Ces pages étaient belles et riches, beaucoup plus que les miennes, mais elles dessinaient un très long parcours spirituel où la figure propre de Saint-Denys Garneau n'arrivait pas à se fixer. Il avait reçu mon texte avec une faveur qui m'avait rassuré… à demi.

Savais-je, à cette époque, qui était Jean Le Moyne ? J'étais ébloui par sa grande culture, son éloquence, ses intuitions souvent étonnantes, mais je n'avais à peu près rien lu de lui. Je ne connaissais pas ses grands articles de *La Relève*. Je ne savais pas qu'il avait écrit dans *Le Canada*, au cours des années quarante, des textes critiques d'une qualité exceptionnelle, sur des œuvres françaises et canadiennes-françaises. En fait, j'ai mis beaucoup de temps, trop de temps à m'intéresser à l'écrivain d'avant 1950, parce que je le voyais pour ainsi dire renaître devant moi, ou mieux, s'accomplir avec une puissance nouvelle. C'est par ses textes d'après 1950, inscrits donc dans la pre-

mière période de la Révolution tranquille, que je l'ai connu :
« La femme dans la civilisation canadienne-française »,
« Année sainte, année ordinaire », « Jeunesse de l'homme »,
« Henry James et les Ambassadeurs », et ces notes sur « L'atmosphère religieuse au Canada français » qui se laissent lire
aujourd'hui avec la même stupeur admirative qu'à leur parution. J'ai su, dès lors, que je me trouvais devant un grand écrivain, un des rares écrivains de grande taille qui aient paru au
Canada français. Cette conviction ne m'a jamais abandonné. Je
voyais régulièrement, à la même époque, un autre homme
d'une qualité rare, le père Ernest Gagnon. Mais entre l'auteur
de *L'Homme d'ici* et celui de *Convergences*, le courant passait
difficilement, malgré des atomes crochus d'une importance
certaine. Et le père Gagnon, parleur admirable, n'aimait pas
écrire. Le grand écrivain, c'était Jean Le Moyne.

Mais il n'a écrit, rétorque-t-on, qu'un seul livre. Je réponds
que c'est assez pour qu'on y reconnaisse une grande voix.
Claude Hurtubise et moi avons tenté de le convaincre de donner une suite à *Convergences,* et nous ne sommes pas sûrs
d'avoir bien compris les raisons de son refus. La matière était
abondante. Mais ses relations avec le Québec, depuis toujours
malaisées, étaient devenues conflictuelles depuis qu'il avait fait
le saut à Ottawa. Jean Le Moyne ne faisait pas les choses à moitié. À la fatigue, à l'agacement qu'éprouvaient quelques-uns
d'entre nous devant les manœuvres nationalistes, il donnait
des proportions énormes, quasi métaphysiques. Cela se lisait
déjà dans *Convergences,* dont plusieurs déclarations sur la littérature canadienne-française, le nationalisme, la petitesse de
notre vie culturelle, avaient fait de la peine à beaucoup de lecteurs frileux. Les choses n'allaient pas s'arranger. Il m'écrivait,
en 1976, à propos d'un de mes livres de critique : « Vous faites
état d'un tas d'honorables scribouilleurs qui me sont incon-
nus et de plusieurs que je ne connais que partiellement
(Ducharme, Ferron, Blais, par exemple), et que je ne connaîtrai
jamais complètement avant que de mourir. J'en savais quand
même assez pour naviguer à l'estime. [...] Vous avez bien

travaillé et vous avez bien de la grâce, de cette grâce qui fut toujours faible chez moi et que, je pense, j'ai perdue. Il me disait, une dizaine d'années plus tard : « Je suis vraiment parti, après n'avoir jamais été tout là. » Ceux qui ont bien lu, dans *Convergences,* les textes si riches d'intuitions et en même temps désolés, proches de l'exaspération, que Jean Le Moyne consacre à la littérature canadienne-française, ne seront pas étonnés de ces déclarations. En fait, ce n'est pas malgré l'exaspération, l'impatience, que ces textes nous demeurent précieux, mais, du moins en partie, à cause d'elles, parce qu'elles font peser sur les œuvres une formidable exigence. Le diagnostic posé, il s'en est allé ailleurs. L'ailleurs, ce n'était pas Ottawa, bien qu'il fût sénateur. C'était, par exemple, la mécanologie, sublimation scientifique et symbolique d'une vieille passion pour la machine, en particulier la locomotive qu'il associait, dans *Convergences,* à l'orgue de Jean-Sébastien Bach ; quelques œuvres littéraires essentielles, comme Proust, Rabelais, qu'il relisait chaque année ; les grandes perspectives de la philosophie et de la théologie ; enfin, *last but not least,* la musique, Bach en premier lieu bien sûr, puis Schubert, Beethoven. C'était là qu'il s'ébattait librement, dans ce vaste domaine à la mesure de son intelligence et de son désir. Comment, de ce lieu, n'aurait-il pas considéré le Québec — et surtout le Québec nationaliste — avec suspicion ? Mais cet « étranger » qui a pris « une rue transversale », pour paraphraser son ami Saint-Denys Garneau, ne s'est pas éloigné de nous. Ayant pris ses distances, il nous lance, de cet ailleurs qui est le lieu essentiel de l'écrivain, des invitations qui nous rejoignent au plus profond.

Convergences, disais-je, c'est assez, cela pourrait suffire. Mais ce livre ne constitue pas toute l'œuvre de Jean Le Moyne, loin de là, et on la verra s'enrichir, je l'espère, de nombreux textes qu'il n'a cessé d'écrire durant sa vie : études sur toutes sortes de sujets, dans plusieurs genres ; mais aussi une correspondance abondante, la plus belle que je connaisse dans nos environs. Il y a de tout dans ces lettres. Des développements, parfois très substantiels, sur les sujets qu'il aborde par ailleurs dans ses essais, mais aussi des impressions de voyages, des considérations sur les circonstances ordinaires de l'existence, des explosions verbales provoquées par le désir et le plaisir de parler, d'habiter la langue, de jouer avec elle. C'est là surtout qu'on rencontre le lecteur de Rabelais et d'Alfred Jarry, et je ne reprends jamais une de ses lettres sans, tout à coup, éclater de rire. Je me souviens en particulier d'une lettre prodigieuse, envoyée à une amie pour son anniversaire de naissance, où il célébrait en vers anglais les relations peu platoniques d'un prieur et d'une abbesse... L'humour de Jean Le Moyne, présent dans plusieurs textes de *Convergences* mais peu facilement perçu par des lecteurs trop impressionnés par l'armature intellectuelle de l'auteur, joue dans sa correspondance en toute liberté : dirigé contre des cibles diverses, mais aussi, fréquemment, contre lui-même. Jean Le Moyne était pour Jean Le Moyne un personnage qu'il n'était pas question de ménager. Ce qui s'exprime aussi avec force dans cette correspondance — du moins dans la partie que j'en connais —, c'est une pensée, disons carrément une foi catholique extrêmement vigoureuse, et que l'expérience des années n'a fait que rendre plus exigeante. Il n'est pas facile de dire quelle sorte de croyant, de chrétien, de catholique était Jean Le Moyne. On lit dans ses textes publiés et ses lettres beaucoup de passages qui ont de quoi déconcerter les nouvelles générations, peu familières avec les complexités d'un tel engagement. Il ne badinait pas avec le dogme, qui était pour lui un milieu d'adhésion et de pensée. Mais on rappellera sa critique virulente et profonde de l'atmosphère religieuse du Canada français, la réception enthousiaste qu'il a faite à la pensée de Teilhard de Chardin, sa participation au Mouvement laïque, la charge qu'il a menée au Sénat — les murs de la très honorable institution n'avaient sans doute jamais entendu rien de pareil ! — contre l'Opus Dei. Sa foi, Jean Le Moyne la vivait intensément, dans la liberté.

Je n'essaierai pas de lui dire ce que je lui dois.

1998

24

En votre aimable règlement…
(Claude Hurtubise)

Nous étions six, autour de la table. Nous dînions ensemble, chaque mois ou presque, au même restaurant. Pourquoi ? Pour manger, bien sûr, pour boire ; surtout pour parler. Tous les sujets y passaient, des plus anodins aux plus graves, sans que jamais le rire ne disparaisse tout à fait.

Je me dévouais, parfois. Je me plaignais de devoir écouter un des derniers quatuors de Beethoven, au Ladies' Morning Musical Club — où il était expressément défendu de tricoter durant les concerts, c'était écrit dans le programme —, sur de toutes petites chaises raides, au début de l'après-midi, quand la digestion n'était pas encore complète. Et alors, protestations, condamnations, excommunications, expressions du plus entier mépris, j'en attrapais de toutes les couleurs. C'était réconfortant.

Cela se passait au cours des années cinquante, *Maurice Duplessis regnante.*

Nous donc, autour de la table, c'est-à-dire : moi, qui m'excuse de me présenter le premier, de plusieurs années leur benjamin, et n'en revenant pas d'être admis en si savante compagnie ; Jean Le Moyne, le futur auteur de *Convergences,* homme d'une culture exceptionnellement vaste et profonde, aussi brillant parleur qu'écrivain ; Robert Élie, le critique d'art (auteur de la première étude publiée sur Borduas), romancier, masquant sous une aménité souriante de grandes passions intellectuelles et spirituelles ; Louis-Marcel Raymond, esprit formidablement curieux, botaniste réputé, spécialiste du théâtre français de l'après-guerre ; le très élégant Jean Simard, professeur à l'École des Beaux-Arts, dont je viens de relire avec un plaisir tout neuf les récits très irrespectueux qu'il publia dans les années quarante, *Félix* et *Hôtel de la Reine*.

C'est Claude Hurtubise qui organisait les agapes. Je le vois encore, au bout de la table, ravi d'avoir organisé ces rencontres, ces échanges. Toute sa vie, il a été celui — directeur de revues, éditeur — qui réunissait. Il réglait la note et nous demandait notre quote-part quelques jours plus tard, avec cette formule vieille-France qui n'a jamais cessé de me réjouir, « En votre aimable règlement ».

Il y avait eu, il y aura d'autres tables. Celle de la revue *La Relève* — le jeunot que j'étais n'y était évidemment pas —, où Claude Hurtubise se trouvait en compagnie de Jean Le Moyne, de Robert Élie et de l'éternel ami, Saint-Denys Garneau. À cette table, François Rabelais s'entendait fort bien avec Jacques Maritain, et il faut peut-être apercevoir en arrière-plan le deuxième, pour bien lire les articles spiritualistes tendus, un peu appliqués, de la revue. Il y aura, dans les années cinquante, celle des *Écrits du Canada français*, où Jean-Louis Gagnon, Marcel Dubé, Pierre Elliott Trudeau et Gérard Pelletier (ces deux derniers ne faisant qu'une personne morale, pour cause d'absences inévitables) se joignaient à quelques autres pour imaginer une collection d'« œuvres libres » dont le Québec de l'époque avait le plus grand besoin. Il n'est peut-être pas sans intérêt de savoir que le premier texte de Patrick Straram, *Tea for Two*, nous fut apporté par le futur premier ministre du Canada...

Et, de nouveau, nous nous retrouvons à table, après les nombreux lancements des Éditions HMH, où Jacques Ferron échangeait des piques avec celui dont il fera un personnage de ses romans, Frank Scott. Puis c'est, dans la grande maison westmountaise de Claude Hurtubise, Marshall McLuhan déroulant son discours avec de grands gestes, sous nos yeux un peu éberlués.

Pourquoi, pensant à Claude Hurtubise quelques semaines après sa mort, ces images de tables, de conversations, de bonne chère sont-elles celles qui me reviennent aussitôt ? C'est que, me semble-t-il, elles reflètent un des projets essentiels de son existence, celui de réunir, de communiquer, de faire circuler la parole. Aux Éditions de l'Arbre comme dans les *Écrits du Canada français,* chez HMH comme aux Éditions La Presse, il a publié des écrivains de toutes tendances. D'autres éditeurs rêvaient de grands coups, et en réussissaient à l'occasion. Telle n'était pas l'ambition de Claude Hurtubise. Il ne répugnait pas au succès, grands dieux non, mais il tenait avant tout à constituer une sorte de bibliothèque bien équilibrée, faite de livres qui dureraient plus d'une saison. Sa plus belle réussite, à cet égard, est assurément la collection « Constantes », lancée au début des années soixante, et qui a réuni les discours les plus divers de la Révolution tranquille. Quelques écrivains de premier plan lui ont fait faux bond, comme Gérard Bessette et Jacques Ferron. Je retiens le témoignage de celui-ci, peu suspect de complaisance. Claude Hurtubise, dit-il dans ses conversations avec Pierre L'Hérault, « est un très bon éditeur. HMH est la seule maison d'édition vraiment sérieuse avec qui j'ai fait affaire ».

Il s'effaçait volontiers, ne tenant pas à occuper beaucoup d'espace sur la place publique. Il a rêvé ces dernières années d'écrire ses mémoires, qui auraient été sans doute passionnants, mais il n'a fait que jeter quelques notes sur le papier. Il avait perdu l'habitude d'écrire. Il l'avait fait, au cours des années trente, dans cette *Relève* dont il était le rédacteur en chef. Ses textes ont vieilli, forcément, ils nous paraissent aujourd'hui un peu simples lorsqu'ils parlent d'une « révolution spirituelle » dont les tenants et aboutissants ne sont pas visibles à l'œil nu, mais je retrouve pleinement Claude Hurtubise lorsqu'il célèbre la sainte simplicité d'un François d'Assise ou d'une Thérèse de l'Enfant Jésus — on prenait le christianisme au sérieux, à *La Relève* —, mais aussi lorsqu'il dénonce fermement le nazisme, cette « cascade d'illusions, de mensonges », écrit-il, qui n'inspirait pas la même horreur à tous ses compatriotes. Claude Hurtubise, dans cette longue existence qui n'a pas toujours été facile, n'a jamais quitté le parti de la liberté, de l'universel humain. La liste des livres qu'il a publiés, depuis *L'Arbre* jusqu'à *La Presse,* en témoigne hautement.

« En votre aimable règlement… » Avait-il lu cette formule quelque part, ou l'avait-il inventée de toutes pièces ? Je l'imagine arrivant avec elle devant Qui de droit et, inversant les rôles, lui présentant sa note. Claude Hurtubise était un croyant inquiet et par là même, peut-être, authentique.

1999

25

Ce qu'on appelle « génie »
(Anne Hébert)

Dans le beau film de Jacques Godbout sur Anne Hébert, il y a des choses qui méritent d'être soulignées, d'échapper à la fascination que produit en nous, fatalement, l'évocation cinématographique. Il s'agit d'observations, ou plus justement d'affirmations, sur l'auteur et sur l'œuvre, qui n'avaient jamais été faites auparavant, du moins avec cette force, cette clarté.

La plus frappante est de la romancière canadienne-anglaise Mavis Gallant, qui vit à Paris depuis de nombreuses années, et qui eut une longue amitié avec Anne Hébert. Il faut peut-être dire, à l'intention de ceux qui ne la connaissent pas, qu'elle est un écrivain considérable, traduite en plusieurs langues, pourvue d'une forte audience. Elle recevait il y a quelques années un doctorat honorifique à l'Université de Montréal, et je n'ai pas oublié le discours élégant, d'une sagesse enjouée, qu'elle prononça à cette occasion. Elle aussi, comme Anne Hébert, avait quitté son pays natal pour aller, à l'étranger, se consacrer entièrement à l'écriture, avec les difficultés matérielles que cela comporte. Toutes deux savaient ce qu'est l'écriture, les sacrifices, le travail acharné qu'elle exige.

Voici donc, dans le film, la chose un peu étonnante que Mavis Gallant dit de son amie, au cours d'une conversation avec Jacques Godbout qui a lieu dans un restaurant parisien. J'ai transcrit ces propos tant bien que mal, en essayant de maîtriser un lecteur de cassettes peu soucieux des subtilités littéraires :

Ça paraît prétentieux de le dire, même par une amie, que j'ai eu très souvent l'impression, au cours de mes années d'amitié avec Anne Hébert, d'être près du génie, que celle qui se trouvait à côté de moi était ce qu'on appelle un génie, qui est au-delà du talent et se pose là où il peut, on ne sait pas pourquoi… On ne sait pas pourquoi le talent se pose sur les épaules de quelqu'un, et le génie encore moins… Mais j'avais vraiment toujours cette impression très forte. Je ne lui en ai jamais parlé, parce que ç'aurait été gênant pour tout le monde, et pour elle et pour moi…

Cette déclaration n'a rien de convenu, d'une simple expression d'amitié. Le ton, le visage de Mavis Gallant disent tout à fait autre chose. C'est en connaissance de cause qu'elle emploie le mot génie. Qu'est-ce que cela veut dire, le génie ? C'est un mot qui gêne, qui intimide, comme le dit Mavis Gallant. On n'arrivera pas à en donner une définition satisfaisante, qui rende compte du sens que donne au mot l'interlocutrice de Jacques Godbout, mais on peut tout de même explorer quelques pistes. Il faudra d'abord dépouiller le mot de son sens triomphant, miraculeux, et même oser dire qu'il n'est pas plus un ordre de grandeur qu'il n'est une catégorie. Il y a plusieurs sortes de génie, qu'on peut difficilement ramener à la même norme : on ne peut donner le même sens au mot lorsqu'on l'emploie à propos de Montaigne ou de Rimbaud, de Claudel ou de Racine. Peut-être le génie désigne-t-il une certaine forme d'excès, et c'est en cela d'abord qu'il s'opposerait au talent, qui vise avant tout un équilibre, la maîtrise parfaite d'un territoire. Il est plus rapide aussi, plus pressé, aux deux sens du mot : celui d'une pression qui s'exerce sur l'écrivain, l'artiste, et celui d'une hâte, d'une impatience, d'une course à l'extrême, voire au-delà. Le génie n'est pas raisonnable. Je me ferai peut-être mieux comprendre en parlant de la musique. J'écoutais ce matin, par hasard, le jeune Glenn Gould jouer le premier *Concerto* de Beethoven. Ce n'est pas le Gould le plus grand que l'on entend là, celui des *Variations*

Goldberg ou des *Partitas* de Bach, mais on est aussitôt saisi par l'impression d'une *différence* irréductible, celle que lui a reconnue le romancier autrichien Thomas Bernhardt en le plaçant au centre d'un de ses romans, *Le Naufrage.* Je n'entends pas une telle *différence,* un tel excès d'originalité lorsque j'écoute un des pianistes du XXe siècle que j'admire et qui me nourrit le plus, le profond Claudio Arrau. Est-ce dire que je l'estime inférieur ? La grandeur, malgré l'*au-delà* dont parle Mavis Gallant, n'appartient peut-être pas uniquement au génie.

Le mot m'aide à comprendre ce qui se passe dans l'œuvre d'Anne Hébert, particulièrement dans cette dizaine de romans courts qu'elle a publiés dans la dernière décennie de son existence et qui m'ont parfois, je l'avoue, un peu déconcerté. Il me semble que là, plus encore que dans ses grandes œuvres antérieures, sauf ces *Enfants du sabbat* qui sentent décidément le soufre, elle a opéré des plongées fulgurantes dans les domaines les plus dangereux de l'existence, au mépris souvent des convenances habituelles du récit romanesque. Je rouvre l'avant-dernier roman d'Anne Hébert, *Est-ce que je te dérange ?,* et dès la première page je lis des phrases qui disent avec une clarté parfaite ce que j'essaie d'exprimer depuis le début de cette chronique. Il s'agit de Delphine, la jeune Québécoise qui traîne à Paris un désarroi sans fond. Elle vient de mourir, et le narrateur la regarde, fasciné par une exigence, en elle, qui ne souffre aucune limite.

Et maintenant elle fait la morte consciencieusement, sans pudeur, comme si elle était chez elle, seule au monde, avec une sorte d'entêtement souverain qui l'absorbe tout entière. Je la regarde comme je ne l'ai jamais regardée. Je m'épuise à la regarder. On pourrait croire que j'attends de Delphine un signe, une explication, l'aveu d'un secret, alors que je sais très bien qu'elle a entrepris là, sous mes yeux, une tâche interminable, féroce et sacrée, et que personne ne pourra l'en distraire jusqu'à ce qu'elle tombe en poussière.

Faut-il comprendre que Delphine est une parente d'Anne Hébert, une des figures privilégiées de ce qu'elle attendait de l'écriture ?

2001

26

Étrangers, familiers

(Frank Scott, Philip Stratford)

Il me semble qu'il était presque toujours là, aux lancements des Éditions du Jour et de HMH. C'était l'époque. Jacques Hébert avait lancé la mode au cours des années soixante, en faisant un lancement chaque semaine (et c'est dire qu'il publiait un livre par semaine !). L'homme était grand et devait pencher la tête pour se mettre au niveau de la plupart de ses interlocuteurs. Avec Jacques Ferron il parlait, physiquement, à peu près d'égal à égal. Je les voyais, d'un peu loin, discuter de je ne sais trop quoi. Ferron, peu soucieux des convenances, en avait fait un personnage de ses romans. L'autre lisait-il Ferron ? Je n'en suis pas sûr. Le romancier lui donnera son congé, de façon assez brutale, après les événements tragiques d'octobre 1970.

Frank Scott était québécois — aux deux sens du mot, puisqu'il a passé son enfance dans la ville de Québec où son père, l'archidiacre, exerçait les fonctions de pasteur. Mais québécois anglais, ce qui change tout, bien sûr. Je dis anglais plutôt qu'anglophone, parce qu'il entretenait avec la Grande-Bretagne des liens de filiation qui étaient assez courants à l'époque et sont devenus presque impensables aujourd'hui. Boursier Rhodes, il fit des études à Oxford, où il fut heureux comme un poisson dans l'eau. Le retour fut pénible — comme il le sera un peu plus tard pour bon nombre de Canadiens français revenant de leurs études parisiennes. Mais le voici à l'université McGill, constituant avec des amis des groupes de réflexion, d'action, qui pouvaient ressembler de loin à ce qu'il avait connu à Oxford, et important au Canada un socialisme issu plus ou moins directement du travaillisme anglais. Le socialisme de Scott a également une autre source : des convictions chrétiennes profondes, qui s'étioleront peut-être au fil du temps mais ne cesseront jamais d'animer son action. Comment, encore, ne pas établir un parallèle avec ce qui se passera chez les francophones, ceux de *Cité libre* et les étudiants du père Lévesque à l'Université Laval ? Je lis, dans la grande biographie de Sandra Djwa, qu'à Oxford Frank Scott avait lu à plusieurs reprises ce classique de la spiritualité chrétienne qu'est *L'Imitation de Jésus-Christ*. Et je me souviens que *L'Imitation* fut aussi le livre de chevet d'un poète canadien-français que, plus tard, Scott traduira, Saint-Denys Garneau. Ils ne se connaissaient pas, me semble-t-il. Ils vivaient sur le même sol dans des mondes presque totalement étrangers l'un à l'autre, mais ils avaient des accointances spirituelles communes.

Est-ce à cause de cette communauté lointaine que Frank Scott a voulu traduire des poèmes de Saint-Denys Garneau (et d'Anne Hébert) ? C'est ce que pense Sandra Djwa et sa démonstration est convaincante, bien qu'elle insiste un peu trop lourdement sur la signification socio-historique des poèmes traduits. On peut y voir aussi, plus simplement, un acte d'admiration et d'amitié — comme celui d'un Robert Melançon traduisant dans la revue *Liberté* les très beaux poèmes de David Solway, ou de Jacques Brault l'Albertain E. D. Blodgett dans leur livre de traductions réciproques, bellement intitulé *Transfiguration*. Mais alors que les travaux de Melançon s'appuient sur une connaissance assez profonde de la poésie de l'autre langue, il n'en va pas ainsi, sauf erreur, pour Frank Scott. Rien, dans la biographie de Sandra Djwa, ne laisse soupçonner qu'il ait eu une connaissance même rudimentaire de la tradition poétique française. Il passe directement du texte français au texte anglais, sans aucune médiation d'ordre purement littéraire. « Mon but principal, écrit-il dans la *Note du traducteur* des poèmes de Saint-Denys Garneau et Anne Hébert publiés par Klanak Press à Vancouver, était de transformer le poème aussi peu que possible, de le laisser parler pour lui-même dans l'autre langue. Ce qui m'amenait à préférer la littéralité… » Il faut relire à ce sujet le beau *Dialogue sur la traduction,* paru en 1970 chez HMH, où l'on voit Anne Hébert et Frank Scott discuter mot à mot de la traduction du « Tombeau des rois », et l'essai de Jeanne Lapointe qui montre comment une telle discussion a permis de découvrir dans ce poème des éléments de sens qui avaient échappé jusque-là aux lecteurs les plus attentifs.

Mais ce qui me frappe aujourd'hui, c'est la grande distance, la distance presque infranchissable qui existe entre la poésie de Frank Scott et celles qu'il traduit. Car, oui, il était poète, et dans son temps un des plus célébrés du Canada anglais. Il l'a été pour ainsi dire contre vents et marées, en arrachant un peu de temps à ses travaux de juriste, de penseur et d'acteur politique (il fut, rappelons-le, un des fondateurs de la CCF, ancêtre du NPD, et l'on n'a pas oublié, je l'espère, ses croisades antiduplessistes). Le poète n'écartait pas l'homme politique, l'homme d'action, mais le recevait dans son poème même, selon une tradition qui s'est presque totalement perdue, depuis la fin du XIXᵉ siècle tout au moins, dans la poésie qui s'écrivait en France. Un poète de langue anglaise peut écrire des poèmes explicitement engagés sans se déshonorer, pratiquer une satire, une ironie qui visent des cibles précises. Cela n'existe pas, ne peut exister en poésie québécoise. Les poèmes nationalistes les plus enflammés d'un Paul Chamberland dans *Terre Québec,* comme la grande poésie révoltée d'un Gaston Miron, s'écrivent dans une région où les événements datés, les circonstances précises, les personnes privées ou publiques n'ont pas droit de cité. Il en va de même pour les paysages : autant un Frank Scott décrit, par exemple, les paysages des Laurentides ou des Cantons de l'Est avec un grand souci de précision, autant les francophones, quand ils s'approchent de la nature, ne l'évoquent que dans ses formes les plus générales, abstraites, on oserait presque dire métaphysiques. Les obligations poétiques, de part et d'autre, ne sont pas les mêmes. Et *L'Imitation de Jésus-Christ* ne fait pas écrire à Frank Scott des poèmes semblables à ceux de Saint-Denys Garneau. En traduisant des poèmes canadiens-français, Frank Scott passait véritablement, et par volonté politique (au sens le plus large et le plus noble du mot) plus que par affinités électives, d'un univers à un autre.

Les derniers mots que Frank Scott dira à sa biographe sont, d'après l'entrevue donnée au *Devoir* par Sandra Djwa : « *Take care of the State of Québec* », traduit dans son livre par « examiner la situation du Québec », ce qui supprime, me semble-t-il, une nuance de pensée essentielle. Frank Scott aimait le Québec, un Québec qui n'est pas complètement le nôtre, où nous nous sentons un peu étrangers en lisant sa biographie.

*   *   *

Philip Stratford, lui, a dû faire plus de chemin pour rencontrer la poésie québécoise. La distance entre Sarnia (Ontario) et Senneville (Québec) paraît infiniment plus grande que celle qui sépare Québec de Montréal. Mais les kilomètres ne disent pas tout. Philip Stratford m'a toujours paru être le représentant par excellence de l'Ontario profond, de cette ancienne culture enracinée dans le paysage autant que dans les mœurs, les idées, à laquelle appartenait également le très célèbre Robertson Davies (que Philip Stratford m'a donné à lire, il y a de nombreuses années). Il était donc indubitablement Ontarien, et j'aimais l'entendre parler français — parfaitement — avec cet accent qui donnait aux mots de ma langue maternelle comme une autre vie. Il a fait carrière au Département d'études anglaises de l'Université de Montréal, enseignant comme il se devait la littérature de langue anglaise, mais aussi passant de longues heures à traduire des œuvres canadiennes-françaises. Il était cela, justement, un passeur. Celui qui va d'une rive à l'autre, l'œil droit bien ouvert sur les différences, le gauche sur les similitudes. J'ai toujours admiré l'aisance de cette longue silhouette d'homme — l'adjectif *lanky* semblait avoir été créé pour lui —, pratiquant, entre les langues comme avec les hommes, toutes les nuances de l'amitié.

Je crois savoir un peu mieux, aujourd'hui, d'où lui venait cette aisance, cette largeur de l'accueil. Philip Stratford était un homme qui avait eu, qui *avait* une maison. On voit la première, sur la couverture du livre qui a été publié après sa mort, *Hawthorn House* : grande, rectangulaire, avec un beau portail et des fenêtres à carreaux, chaleureusement anglaise, sans doute érigée sur un grand terrain, entourée de grands arbres et de fleurs. Non pas un château, non pas un manoir : une grande maison, où une famille assez nombreuse pourrait vivre commodément. On ne voit pas la rivière, tout près, la St. Clair, sur laquelle naviguent des cargos. Quand le père, ingénieur à la raffinerie Esso de Sarnia, avait acheté cette maison aux environs de 1930, elle avait une centaine d'années, et se trouvait en mauvais état. Patiemment, au cours des années, il l'a restaurée, agrandie, il l'a faite sienne.

Philip Stratford n'est jamais allé revoir Hawthorn House depuis la mort de son père, et ce n'est pas la nostalgie mais une sorte de reconnaissance profonde qui inspire la centaine de pages dont il l'a pour ainsi dire honorée au cours de la dernière année de sa vie. Que racontent-elles ? La mère et le père sont présents, mais discrètement, moins que les sœurs et les frères, à peine plus que la cuisinière et l'homme à tout faire exigés par une aussi grande demeure. C'est la maison elle-même qui revit surtout, la façon dont elle était construite, ses pièces et les objets qu'elles contenaient. Le mémoire de Philip Stratford, abondante, précise, n'est pas proustienne, elle ne suscite pas des coïncidences quasi miraculeuses. Elle reconstruit, à petits traits, une maison qui fut vraiment habitée, dont on oserait dire qu'elle fut vécue. Et le lecteur, séduit, s'y promène comme chez lui, adopté par une famille à la fois bien soudée et ouverte aux autres.

Si Philip Stratford n'avait pas la nostalgie de Hawthorn

House, c'est qu'il avait trouvé une maison semblable, un peu moins grande peut-être mais aussi chaude, au Québec. Il pouvait, sans difficulté, être à la fois Ontarien et Québécois.

2002 (Scott), 2000 (Stratford)

V

27

Comment devenir un « ancien Canadien »
(Philippe Aubert de Gaspé)

Octave Crémazie, le premier poète québécois de quelque importance, a dû s'enfuir en France, en 1862, pour échapper aux rigueurs de la justice. Et c'est après avoir fait de la prison que son ami Philippe Aubert de Gaspé a écrit le roman le plus célèbre du xixᵉ siècle québécois, *Les Anciens Canadiens* (1863). Faut-il donc croire que l'expérience ou le sentiment de la faute était nécessaire à la naissance de la littérature québécoise ? Ni Crémazie ni de Gaspé, faut-il le préciser, n'étaient de grands fraudeurs, des bandits de grands chemins. Crémazie, libraire à Québec, emporté par quelque folie des grandeurs, avait signé un peu trop de billets promissoires. Et Philippe Aubert de Gaspé, shérif du district de Québec, avait fait de même, ou à peu près. Mais si la faillite de Crémazie mit fin à sa carrière littéraire — nous n'oublions pas cependant que ses lettres envoyées de Paris à l'abbé Casgrain constituent la meilleure partie de son œuvre —, au contraire les quatre années de prison de Philippe Aubert de Gaspé, en le renvoyant à la solitude de son manoir de Saint-Jean-Port-Joli, lui donnèrent la chance de devenir l'écrivain qu'il n'avait pas encore décidé d'être.

Il n'a pas précipité les choses. Ayant purgé sa peine de quatre ans de prison, sans doute profondément humilié, lui, le seigneur de Saint-Jean-Port-Joli, d'avoir dû en passer par là, conscient de la honte qu'il fait partager à sa femme et à ses enfants, et dont les échos se feront entendre à plus d'une reprise dans *Les Anciens Canadiens,* il ira donc se réfugier dans son manoir, où peu à peu il revivra. Nous sommes en 1841. Son ami l'abbé Casgrain le décrit, vivant là « ignoré des hommes, retrouvant le calme, sinon le bonheur, dans la compagnie des livres, de la nature, et de ses souvenirs ». C'est-à-dire qu'il surveille les travaux de ses champs, cultive ses fleurs et ses arbres fruitiers, fait l'école à ses enfants et se livre à d'abondantes lectures. Mais il vient aussi passer chaque année l'hiver à Québec, où il fréquente un milieu littéraire où se trouve notamment le poète et historien François-Xavier Garneau. Il renoue ainsi, d'ailleurs, avec ses habitudes d'avant l'incarcération. On s'est émerveillé du naturel, voire de la naïveté qui seraient les qualités premières de son roman. Mais il suffit d'ouvrir *Les Anciens Canadiens* à chaque page ou presque, pour y découvrir des citations en latin, en anglais, des allusions aux grands classiques de plusieurs langues, qui dénotent une culture littéraire remarquablement étendue. C'est un lettré qui, aux environs de 1860, à l'âge respectable de plus de soixante-dix ans, se lance dans les grands travaux de l'écriture. Il a beau dire : « j'écris pour m'amuser… », « Cet ouvrage sera tout canadien par le style… », « Consigner quelques épisodes du bon vieux temps, quelques souvenirs d'une jeunesse, hélas ! bien éloignée, voilà toute mon ambition », il fait appel, tout autant qu'à ses souvenirs et à ceux de ses proches, à une culture qui lui ouvre de grands horizons. Observons d'ailleurs qu'une telle modestie est un trait d'époque, également présent chez les grands contemporains de Philippe Aubert de Gaspé. Dans la conclusion de son *Histoire du Canada*, François-Xavier Garneau donnait aux Canadiens une vocation essentiellement conservatrice : « Que les Canadiens soient fidèles à eux-mêmes ; qu'ils soient sages et persévérants, qu'ils ne se laissent point séduire par le brillant des nouveautés sociales et politiques ! » Il aurait pu dire aussi bien : par le brillant des nouveautés littéraires. Et Octave Crémazie, dans une lettre écrite de son exil français à son ami l'abbé Casgrain : « Renonçant aux regrets, aux beaux rêves d'une gloire retentissante, il [l'écrivain canadien] doit se considérer comme amplement récompensé de ses travaux s'il peut instruire et charmer ses compatriotes, s'il peut contribuer à la conservation sur la jeune terre d'Amérique, de la nationalité française. » À ce quasi-programme littéraire proposé par ses amis, Philippe Aubert de Gaspé, plus que tout autre, s'est voulu fidèle. Est-ce dire qu'il renonçait à faire œuvre, au sens fort du mot ? La modestie affichée, la modestie écrite, n'est souvent que l'écho affaibli de son contraire. \

Comment, pourquoi donc devient-on écrivain au milieu du XIXe siècle québécois, malgré tout ce qui semble s'opposer à une telle aventure ? Il ne suffit pas d'avoir des souvenirs. Il ne suffit pas non plus d'avoir une bonne, une vaste culture littéraire. Il ne suffit pas enfin d'avoir des loisirs, forcés ou non. Il y faut, surtout quand on aborde aux rivages un peu abrupts des soixante-dix ans, une sorte de choc et l'on est en droit de penser, comme plusieurs commentateurs, que ce choc fut pour Philippe Aubert de Gaspé la honte jamais dissipée de l'incarcération. *Les Anciens Canadiens* seraient ainsi une œuvre de justification personnelle, de réhabilitation. On lira, dans le roman, le chapitre intitulé « Le bon gentilhomme », pour se convaincre de la légitimité d'une telle interprétation. Ce que raconte Monsieur d'Egmont, qui habite une pauvre maisonnette à environ trois quarts de lieue du manoir d'Haberville, correspond très exactement à ce qu'a vécu le romancier : sa faillite, l'humiliation de sa famille, la vie modeste après l'opulence. S'adressant à ses détracteurs, le « bon gentilhomme » clame à deux reprises : « Lève la tête bien haut, Pharisien, et dis : Moi, je n'ai jamais failli », et l'on entend bien que son récit, comme celui de Philippe Aubert de Gaspé, est un plaidoyer *pro domo*, moins l'aveu d'une faute qu'une protestation contre l'injustice des hommes. Cette protestation aura d'ailleurs un écho chez un autre personnage où on l'attendait moins, le seigneur d'Haberville, qui, lui, n'a (dans le roman) commis aucune faute identifiable. Mais voici que, son manoir ayant été brûlé sur l'ordre du conquérant anglais, privé des revenus et du prestige que lui assurait son domaine, il s'accuse lui-même, empruntant le langage de la Bible : « L'homme sensé dit : J'ai mérité mon sort, et je dois me soumettre avec résignation aux désastres, conséquences de mes folies. » Il y a donc une faute, quelque part. Ne serait-ce pas la défaite elle-même, sorte d'humiliation collective que, pour sa part, l'historien François-Xavier Garneau voudra effacer en entreprenant d'écrire sa grande *Histoire du Canada* ? Ce n'est pas seulement un homme qu'il s'agit de réhabiliter, dans *Les Anciens Canadiens*, c'est tout un peuple, fautif *parce que* vaincu : « Vous avez été longtemps méconnus, mes anciens frères du Canada ! Vous avez été indignement calomniés. Honneur, cent fois honneur à notre compatriote, M. Garneau, qui a déchiré le voile qui couvrait vos exploits ! » Mais la faute revient par un chemin détourné : « Honte à nous, qui, au lieu de fouiller les anciennes chroniques si glorieuses pour notre race, nous contentions de baisser la tête sous le reproche humiliant de peuple conquis qu'on nous jetait à la face à tout propos ! » /

Il est donc éminemment légitime de lire *Les Anciens Canadiens* comme un plaidoyer, pour un peuple encore plus que pour un homme (et même, ont souligné quelques critiques, pour la classe nobiliaire dont faisait partie l'auteur). Une reconquête, ou plus exactement une contre-conquête, par le recours à l'histoire et à cette culture populaire dont Octave Crémazie, dans sa fameuse lettre à l'abbé Casgrain, proposait de faire le terreau de la nouvelle littérature canadienne : « Quand le père de famille, écrivait-il, après les fatigues de la journée, raconte à ses nombreux enfants les aventures et les accidents de sa longue vie, pourvu que ceux qui l'entourent s'amusent et s'instruisent en écoutant ses récits, il ne s'inquiète pas si le riche propriétaire du manoir voisin connaîtra ou ne connaîtra pas les douces et naïves histoires qui font le charme de son foyer. Ses enfants sont heureux de l'entendre, c'est tout ce qu'il demande. » Notre littérature dira donc, et à nous-mêmes plutôt qu'aux autres, que nous existons malgré tout, que nous méritons d'exister, parce que nous avons une mémoire et que nous sommes maîtres d'un récit. C'est ainsi qu'on a lu le plus souvent *Les Anciens Canadiens,* et cette lecture répondait au vœu de l'auteur, selon les paroles que lui prête l'abbé Casgrain : « La mémoire des anciens Canadiens est remplie de ces traditions intéressantes qui vont se perdre, si la génération actuelle ne s'empresse de les recueillir. Mais la plupart de ces écrivains sont des jeunes gens qui ne peuvent puiser ces souvenirs que dans la mémoire des vieillards comme moi. C'est donc un appel qui m'est fait à moi-même. »

Par ailleurs, il se trouve que *Les Anciens Canadiens* — cette « énorme liasse de papier » que, au début des années 1860, Philippe Aubert de Gaspé dépose sur la table de l'abbé Casgrain — est un roman, bien qu'il ne soit désigné comme tel ni dans l'édition ancienne que j'ai sous les yeux, ni dans celles qui se sont succédé, notamment en livre de poche, depuis lors. Le titre lui-même semble annoncer un livre de souvenirs plutôt qu'un ouvrage romanesque, mais on y rencontre des personnages fictifs, engagés dans une intrigue qui commence, se poursuit, se termine. Cette affabulation a gêné plusieurs commentateurs, qui se seraient bien contentés des souvenirs colportés par l'ouvrage, sans les complications assez mal maîtrisées, à leur gré, qu'amène le projet romanesque. « Ce roman, écrit Camille Roy, est, en vérité, une première série de *Mémoires.* » Et Gérard Tougas avoue qu'il préfère nettement ce deuxième ouvrage de Philippe Aubert de Gaspé aux *Anciens Canadiens,* ceux-ci subissant « la contrainte de la forme romanesque — contraire à son tempérament ». Maurice Lemire, au contraire, dans quelques études et notamment dans son introduction à l'une des éditions les plus récentes du livre, se dit « tenté d'affirmer que la supériorité des *Anciens Canadiens* sur les *Mémoires* vient précisément de l'intrigue » romanesque. En fait, les deux ouvrages relèvent de genres profondément différents, malgré la présence dans l'un et l'autre d'éléments semblables. Si les *Mémoires* ont eu et méritent d'avoir des lecteurs, c'est le roman qui s'est imposé dès sa parution, en 1863, comme une œuvre maîtresse, en quelque sorte exemplaire. Quelques écrivains, dont certains respectables, avaient précédé Aubert de Gaspé dans la voie du roman, Joseph Doutre, Patrice Lacombe, Pierre-Joseph-Olivier Chauveau, Antoine Gérin-

Lajoie. Et son fils même, également prénommé Philippe, avait publié en 1837 le premier roman paru en terre canadienne, *L'Influence d'un livre,* mélange indigeste d'une action rocambolesque et d'une prose maladroite. Mais l'œuvre vraiment première, d'une jeunesse qui ne s'est pas altérée depuis plus d'un siècle, est l'œuvre du père, le septuagénaire.

La scène initiale nous présente le couple amical dont les relations définissent, d'entrée, les enjeux du roman. On n'a aucune difficulté à reconnaître en Jules d'Haberville, fils du seigneur de Saint-Jean-Port-Joli, le personnage dont les *Mémoires* nous racontent les frasques, Philippe Aubert de Gaspé lui-même. Mais qu'est-ce que cet Archibald Cameron of Locheill, étrangement venu d'Écosse pour faire ses études chez les Jésuites de Québec ? Il vient, en fait, de la famille même de l'auteur : l'épouse de Philippe Aubert de Gaspé est écossaise et cinq de ses enfants auront des conjoint[e]s d'origine britannique. Les deux amis sont donc plus qu'amis ; des frères, vraiment, comme on en trouve beaucoup dans la littérature ancienne, amis ou ennemis. « On les appelait indifféremment au collége [orthographe d'époque], dit le roman, Pythias et Damon, Pylade et Oreste, Nysus et Euryale. » Le premier couple vient de Milton, le second de Racine, le troisième de Virgile, et ils nous indiquent les références culturelles de l'auteur : latine, anglaise, française classique. C'est toute sa culture que, dans ce roman, Philippe Aubert de Gaspé va mettre en jeu. Le latin et le français n'étonnent pas ; en ce beau jour d'été, les deux amis sortent du collège des Jésuites, où ils viennent de terminer leurs études. Mais l'anglais ? L'auteur l'a appris à l'école anglo-protestante du révérend John Jackson, et il n'hésite pas à en pourvoir ses collégiens du Régime français. Nous sommes déjà, dans ce premier chapitre, en présence d'un arrangement chargé de sens, riche d'ambiguïtés qui nourriront jusqu'à la trame romanesque des *Anciens Canadiens,* et dont Archibald Cameron of Locheill est le principal dépositaire. Écossais, il partage la langue des Britanniques, mais il se montre distinct d'eux, et surtout il a été dépouillé

par eux comme les Canadiens le seront plus tard, avec la complicité forcée de Locheill lui-même, par la conquête anglaise.
Jules d'Haberville, lui, il faut bien le dire, est un personnage un
peu falot, trop aimable, trop sympathique ; il ressemble exagé-
rément à l'auteur, il en transporte trop directement dans le
roman les nostalgies et les espoirs. Le véritable héros des
Anciens Canadiens, le personnage problématique, est Archibald. Il va sans dire qu'il ne peut exister que par l'amitié qui le
lie au fils du seigneur. Ils constituent ensemble, déjà, la dualité
canadienne dans laquelle vit Aubert de Gaspé. Arché a « la
réserve d'un Écossais », Jules « l'ardeur d'une âme française »,
mais les différences sont brouillées, d'abord parce que le premier a eu une mère française et est catholique, surtout parce
qu'ils portent le même costume : « Leur costume est le même :
capot de couverte avec capuchon, mitasses écarlates bordées
de rubans verts, jarretières de laine bleue… », et cetera. C'est
bien, ici, l'habit qui fait le moine. Arché et Jules font partie de
l'utopie canadienne, celle d'une habitation complète du territoire canadien, au-delà des distinctions européennes. \

Jules et Arché viennent donc de terminer leurs études classiques et se préparent à partir pour Saint-Jean-Port-Joli, où ils
passeront leurs vacances avant de s'embarquer pour cette
Europe qui n'est peut-être pas, en définitive, aussi complètement révoquée qu'on l'aurait pensé d'entrée de jeu. Locheill
est depuis quelques années l'invité des d'Haberville durant la
saison d'été, mais il semble s'y rendre comme pour la première
fois, tant sont importants, chargés de signification, les événements du voyage. Le manoir est ce qui doit être gagné, mérité,
comme le mythique château des contes. Et le voyage a tout
d'un parcours initiatique. La première épreuve sera celle que
fera subir, par la voix du serviteur José, la culture populaire
à la culture savante dont sont imprégnés Jules et Arché. À
ceux-ci, qui parlent la langue du collège, le latin, accumulant
les « *tarde enientibus ossa* », les « *volens nolens* », José va opposer, comme le langage même de l'authentique, un vocabulaire
du peuple qui est souvent la déformation du langage noble,

le *De Profundis* devenant un « déprofondi », le cadavre un
« calâbre », les cyclopes des « cyriclopes », le poète Virgile un
« Vigile ». De la même façon, il contredira l'explication ration-
nelle donnée par Jules des feux-follets de l'île d'Orléans en
racontant les démêlés de « mon défunt père, qui est mort » avec
les sorciers de l'île et, pour faire bonne mesure, avec la Corri-
veau qui veut aller danser avec eux. Dans ce duel de langages, il
n'y a pas de vainqueur. Les jeunes aristocrates verront leur langage reprendre vie dans la culture populaire et José, le conteur,
le chanteur, trouvera dans celui de ses maîtres une matière linguistique à exploiter. La voix des *Anciens Canadiens* est celle de
la conciliation — en attendant d'être celle de la réconciliation.

La deuxième épreuve, celle de la « débâcle », est plus spectaculaire, digne de la « plume d'un Cooper, d'un Chateau-
briand » (Casgrain). Et c'est vraiment un beau morceau de littérature, d'une précision descriptive et d'une grandiloquence
à couper le souffle, dans lequel Philippe Aubert de Gaspé a mis
le meilleur de son talent. C'est qu'il s'agit, cette fois, d'affronter
les puissances d'une nature déchaînée, qui sont celles mêmes
du nouveau pays. Étrangement, Jules d'Haberville ne participe
pas, même des yeux, à la lutte qui se déroule près de lui, où son
ami Locheill risque la mort. « D'une nature très impression-
nable, il n'avait pu soutenir, à son arrivée sur la plage, le spectacle déchirant d'une si grande infortune. Après un seul regard
empreint de la plus ineffable compassion, il avait baissé les
yeux vers la terre, et il ne les en avait plus détachés. » Tout se
passe donc, ici, entre l'Écossais et la terre de la Nouvelle-
France, du Canada, de l'Amérique, et il s'agit moins de l'emporter, de vaincre cette nature nouvelle, que de se faire adopter
par elle, d'en devenir le fils. Mais que signifie l'absence du fils
légitime, Jules d'Haberville ? Qu'il n'a pas besoin d'une ini-
tiation, ou qu'il se refuse à la violence de la terre américaine ?
Ou encore, si l'on suppose que la « débâcle » préfigure la
Conquête, qu'il se révèle le futur vaincu, le faible ?

Les choses ne sont pas simples. Car Arché, le héros du jour,
célébré dans le chapitre suivant intitulé « Un souper chez un

seigneur canadien », entouré du seigneur de Beaumont, du capitaine Marcheterre, de Jules, du curé nonagénaire, enfin des représentants les plus autorisés de la bonne société canadienne, partageant un repas somptueux qu'Aubert de Gaspé décrit longuement, avec une délectation évidente, n'y est encore que l'invité, l'étranger. Il est étranger à ce qui fonde le roman dans lequel il se trouve, c'est-à-dire au récit, c'est-à-dire au langage. Aussi bien, après que le bon serviteur José aura, le lendemain, déployé ses dons de « faiseur de contes inépuisable » et aura même été déclaré poète par Jules, Arché ne pourra-t-il que manifester son incompréhension. « Mais il ne sait pas écrire », dit-il. À ce moment, Jules le rêveur, le joueur de tours, le joyeux mélancolique, reprend l'avantage. Il est prêt, lui, à entrer au manoir d'Haberville, puisqu'en fait il ne l'a jamais quitté. Toutes sortes de faveurs l'y attendent, des banquets, des récits, des fêtes, des conversations aimables, une vie sociale très riche, à laquelle Arché ne peut assister qu'en spectateur charmé.

C'est par la faute, par l'expérience de la faute — et comment ne penserions-nous pas ici à celle de Philippe Aubert de Gaspé ? — qu'Archibald pourra, enfin, entrer au château. Arrive la conquête anglaise, et les deux amis se retrouvent dans des camps opposés, sur les plaines d'Abraham, mais sans devenir vraiment les « frères ennemis » dont nous entretient la mythologie. Il y aura plus grave : l'action d'Arché qui, sur l'ordre d'un commandant cruel qui n'est en fait que la voix de la nécessité romanesque, fait brûler le manoir de Saint-Jean-Port-Joli. Enfin, sauvé des Indiens par le Dumais qu'il avait lui-même sauvé de la débâcle, pardonné par le seigneur d'Haberville qui est pourtant habité par une profonde rancune, il doit affronter l'obstacle majeur du mariage refusé. On connaît la scène, la réplique cinglante, d'une tonalité toute cornélienne, que fait Blanche d'Haberville à la proposition de Locheill : « Vous m'offensez, capitaine Archibald Cameron de Locheill ! Vous n'avez donc pas réfléchi à ce qu'il y a de blessant, de cruel dans l'offre que vous me faites ? » Blanche et Arché n'en finiront pas moins par devenir un couple, mais un couple fraternel, tout à fait semblable à celui que faisaient au début du roman Jules et Arché. Celui-ci achète des terres non loin du manoir, faisant ainsi acte d'enracinement au Canada, il vient passer de longues soirées chez les d'Haberville et finit par s'y établir. « Il est onze heures du soir, vers la fin d'octobre ; toute la famille d'Haberville est réunie dans un petit salon suffisamment éclairé [...]. De Locheill, qui approche la soixantaine, fait une partie d'échecs avec Blanche. » Les modernes que nous sommes riront un peu. Mais un *happy end*, avec mariage et tout le tralala, n'aurait pas fait l'affaire. Philippe Aubert de Gaspé n'écrit pas un conte mais un roman, et le roman manifeste devant le bonheur, la réussite, une méfiance louable, il tient à garder une réserve de soupçon, à laisser entendre que le désir se détruit d'être complètement satisfait. Peu importent, en définitive, les raisons pour lesquelles Blanche d'Haberville — qui ne s'appelle pas Blanche pour rien, qui représente l'identité canadienne dans sa pureté mythique — refuse sa main (et le reste) à Arché. Elle maintient ainsi une distance qui est la loi même d'un rapport authentique au passé, à la tradition, à l'origine.

Arché, osons le dire, c'est nous. Nous, les lecteurs d'aujourd'hui, qui lisons *Les Anciens Canadiens* comme des étrangers, ou presque. Le rôle de Jules d'Haberville, de l'héritier direct, de celui qui coïncide exactement avec les images de l'ancien temps, nous est interdit. Et si nous voulions à toute force nous en emparer, nous n'y gagnerions qu'un bouquet de fleurs (de rhétorique) séchées. En passant par le chemin d'Arché, au contraire, le chemin de l'étranger — nous, étrangers par la distance temporelle et non par la race —, nous devenons peut-être les véritables lecteurs des *Anciens Canadiens*, libérés des obligations littérales de la fidélité. Lire le roman de Philippe Aubert de Gaspé, c'est, pour nous, suivre les voies d'une mémoire réinventée. L'*ancien Canadien*, le nôtre, n'appartient pas au folklore, mais à la littérature.

2002

28

La voie honorable
de François-Xavier Garneau

L'*Histoire du Canada* de François-Xavier Garneau n'est pas, comme on dirait chez Menaud, une histoire comme les autres. Elle est la première. Absolument. Certes, il y eut le père Charlevoix, le compilateur Bibaud, un Anglais nommé Smith, quelques autres, mais l'*Histoire* de Garneau annule au moins symboliquement ce qui la précède et fait figure d'origine absolue. Rien ne prépare vraiment son apparition, ni dans le milieu intellectuel de l'époque, ni même, et c'est peut-être le plus étrange, dans la biographie de son auteur. On nous parlera bien un peu de ses lectures, de ses voyages aux États-Unis et en Europe, de ses contacts avec les intellectuels les mieux informés de Québec, de son intérêt pour les archives — Paul Wyczynski notera laconiquement, à propos de l'année 1836 : « Il s'intéresse de plus en plus à l'histoire » —, mais enfin le lecteur est tout étonné lorsqu'il voit apparaître sous la plume de son premier biographe, l'abbé Casgrain, la phrase suivante : « Le premier volume de l'*Histoire du Canada* parut à Québec en 1845. » Prenez le volume, soupesez-le : ce n'est pas léger. Lisez les premières pages, qui sont d'une fermeté d'écriture et de pensée assez étonnante. Elles ont été écrites, au cours de longues soirées studieuses, par un notaire *in partibus*, caissier de banque, traducteur, greffier municipal, journaliste, poète — qui n'avait même pas fait son cours classique. Comment devient-on historien ? On le sait, par exemple, pour Michelet, comme on le sait pour le grand contemporain américain de Garneau, Francis Parkman. On ne le sait pas pour l'auteur de l'*Histoire du Canada*.

L'historien, chez Garneau, ressemble à l'œuvre : il apparaît tout armé. On connaît la scène ; elle est reprise dans une dizaine au moins d'études sur Garneau. L'*Ur Text* est de l'abbé Henri-Raymond Casgrain, ami de Garneau, scribe recueillant les hauts faits du grand homme.

> M. Garneau avait tous les jours des discussions avec les jeunes clercs du bureau de M. Campbell ; parfois ces discussions devenaient très vives. Ces questions avaient le privilège de faire sortir le futur historien de sa taciturnité.
>
> Un jour que les débats avaient été plus violents que d'ordinaire :
>
> — Eh bien ! s'écria M. Garneau fortement ému, j'écrirai peut-être un jour l'histoire du Canada ! Mais la véridique, la véritable histoire ! Vous y verrez comment nos ancêtres sont tombés ! Et si une chute pareille n'est pas plus glorieuse que la victoire !… Et puis, ajouta-t-il, *what though the field be lost ? all is not lost.* Qu'importe la perte d'un champ de bataille ? Tout n'est pas perdu !… Celui qui a vaincu par la force, n'a vaincu qu'à moitié son ennemi.
>
> De ce moment, il entretint dans son âme cette résolution, et il ne manqua plus de prendre note de tous les renseignements historiques qui venaient à ses oreilles ou qui tombaient sous ses yeux.

La scène est jolie, aussi jolie qu'un chromo de l'époque, où l'on voit des gens discuter en faisant de grands gestes. Trop jolie pour être vraie ? Après avoir lu la version d'Hector Garneau, à vrai dire un peu plus ornée que celle de Casgrain, le sceptique Henri d'Arles s'écriera : « Cette scène m'a tout l'air d'avoir été inventée après coup ; ce mot ressemble trop à tous les mots « historiques », pour que j'y croie beaucoup. » Monseigneur Émile Chartier n'exclut pas qu'elle soit une « légende ». Gustave Lanctot lui-même, auteur d'une version plus tardive, la dira « un peu enjolivée de littérature ». François-Xavier Garneau, selon Casgrain, a seize ou dix-sept ans au moment de la scène; il est timide, il le restera, il n'aura jamais la réputation d'un brillant *debater*. Mais ce jeune homme qui parle comme un personnage historique — de Casgrain plutôt que de Garneau — a vraiment lu ses classiques, les anglais comme les français, et l'on ne s'étonnera pas qu'il ait le sens de la formule. Ce discours est vrai, puisqu'il propose, dans une forme ostensiblement oratoire, ce que Garneau écrira au gouverneur Elgin après la parution du premier volume de l'*Histoire*: « J'ai entrepris ce travail dans le but de rétablir la vérité, si souvent défigurée, et de repousser les attaques et les insultes [...]. » Il l'est aussi d'une autre façon, comme récit mythique. Nous assistons ici au sacre de l'historien. Il n'apparaît pas comme érudit, comme chercheur, comme rat de bibliothèque mais comme Vengeur, comme Héros d'une bataille verbale où le sort des armes sera renversé. Il est une âme (« il entretint dans son âme cette résolution ») plus qu'une intelligence, et le dernier paragraphe lui donne, après la couronne du Héros, l'auréole du saint homme qui accumule les bonnes actions nécessaires à son salut et à celui de sa race. \

Comme l'*Histoire* même de Garneau, qui subira des remaniements imposés par la critique ultramontaine du XIXe siècle, la scène primitive, inaugurant ce qu'un René Girard appellerait le « cycle de vengeance », se transformera au cours des ans. Le récit de l'abbé Casgrain est sobre, mesuré; celui du petit-fils Hector Garneau, dans l'*Introduction* qu'il donnera à l'édition parisienne de l'*Histoire* en 1920, nous plongera au cœur d'une assez violente bataille. Aux « armes courtoises » qui sont d'usage, écrit-il, dans l'étude du notaire Campbell, succèdent une « tournure mauvaise », des « sarcasmes », des railleries, des ricanements, des injures personnelles (« fils de vaincus ») « et le reste ». Chez Casgrain, les « jeunes clercs anglais » ne parlaient pas. Voici qu'ils ouvrent la bouche: « Après tout, qu'êtes-vous donc, vous, Canadiens français, vous n'avez même pas d'histoire ! » L'argument, l'injure viennent tout droit du rapport Durham, de l'histoire *réelle*. Par-

dessus la tête des jeunes clercs, la bataille s'engage entre l'occupant anglais et les Canadiens français opprimés ; ou, si l'on
veut, entre deux textes, le rapport du Lord anglais et l'*Histoire
du Canada* qui existe déjà comme projet. Aussi bien, la
réponse du « jeune Garneau » n'a-t-elle pas à être longuement
développée. La tirade du récit Casgrain est remplacée par deux
petites phrases : « Quoi, répliqua-t-il avec énergie, nous
n'avons pas d'histoire ! Eh bien, pour vous confondre, je vais
moi-même la raconter ! » C'est le style de Frontenac lançant à
Phipps : « Je vous répondrai par la bouche de mes canons ! »
On aura noté que la citation anglaise, le vers de Milton, est disparue. Le nationalisme du début du XXe siècle est plus pur, si
l'on peut dire, plus décidé que celui de la seconde moitié
du XIXe.

La troisième version, celle de Gustave Lanctot, qui paraît
en 1946, est la plus complète et la mieux ordonnée. Lanctot
place d'abord le décor physique, la « vieille maison » qui loge
l'étude de maître Archibald Campbell, puis il décrit à grands
traits les circonstances historiques générales. Quant au dialogue entre les clercs de notaire, représentés ici par un seul
« jeune Anglais » et Garneau, le texte de Lanctot réunit, en leur
donnant une forme quelque peu nouvelle, les thèmes des deux
versions précédentes. L'Anglais : « À quoi bon toutes ces que-
relles ? Dans ce pays qui n'a pas encore d'histoire, on sait tout
de même quelle nation a toujours triomphé. » Le lecteur aura
reconnu le thème de l'absence d'histoire (Durham) et celui de
la défaite des armes. La réponse du jeune Garneau sera également synthétique : « Vous pouvez ne pas la connaître, mais ce
pays possède une histoire ; et j'espère l'écrire un jour. On saura
que la même nation n'a pas toujours triomphé et que nos
ancêtres n'ont succombé que sous le nombre après une dernière victoire. Dans une telle lutte, les deux partis ont droit à
l'honneur. Et puis, *What though the field be lost, all is not lost !*
Oui, qu'importe la perte du champ de bataille, tout n'a pas été
perdu. Qui a triomphé par la force n'a triomphé qu'à moitié. Il
y a des défaites qui sont aussi glorieuses que des victoires. »

C'est là, pour l'essentiel, la version Casgrain mais amplifiée, développée avec une certaine liberté ; et incluant l'élément Durham, dont Casgrain ne parlait pas. Notons toutefois une différence intéressante, par rapport au récit d'Hector Garneau : alors que celui-ci situait la scène « vers 1825 ou 1826 », Lanctot la place « vers 1828 », ce qui a pour effet de donner un peu plus de maturité au futur historien. Lanctot, on l'a vu plus haut, est effleuré d'un doute ; et peut-être, en vieillissant son héros, en lui donnant un âge plus convenable, veut-il accroître la vraisemblance du récit. Il consent, malgré des réserves probablement plus fortes que ce qu'il en dit, à l'« accepter comme authentique ». Et s'il ne l'était pas, ajoute-t-il bravement, du moins aurait-il une autre sorte de vérité, « le mérite de synthétiser l'inspiration et la carrière de l'écrivain : *Se non è vero, è bene trovato* ». Au bout du compte, le récit vaudrait moins par son exactitude historique que par la provision de sens qu'il fournit à l'imagination historique.

Aussi ne faut-il pas s'étonner, encore moins se scandaliser de ce qu'il ait subi au cours des ans des modifications importantes. C'est que le récit de Casgrain fonctionne comme un mythe ; et le mythe appartient à tout le monde. Quoi qu'il se soit passé, ce jour-là, dans l'étude de maître Archibald Campbell, les auteurs des trois récits, Casgrain, Hector Garneau et Gustave Lanctot — oui, Casgrain lui-même, auteur du premier texte, dans la mesure où très visiblement il surcharge, il enjolive — font des variations sur un texte fondamental, hors écriture, qui s'attribue les fonctions du mythe : affirmation de l'origine commune, formulation des raisons de l'être-ensemble, inauguration de la parole historique, de la parole du salut. C'est moins l'individu François-Xavier Garneau qui s'exprime ici, un individu sur lequel nous savons du reste très peu de choses, que la communauté nationale elle-même, répondant à la provocation historique par la proclamation de sa légitimité, adoptant la position de combat qu'elle conservera durant tout le siècle suivant.

Le Récit rend également quelques autres petits services. Il

dicte un mode de lecture : l'*Histoire du Canada* ne saurait être, dans la perspective qu'il ouvre, qu'une œuvre engagée, passionnée, partie intégrante de la lutte pour la survie canadienne-française. Il sert aussi à combler un vide, à masquer une absence, celle des conditions de fabrication de l'*Histoire* de Garneau. On avait besoin d'un Héros, plus que d'un Travailleur. Et puis, personne ne semblait savoir comment cet homme d'une santé fragile, autodidacte, peu fortuné, avait pu édifier un tel monument.

*   *   *

« Il veut avant tout, écrit Fernand Dumont, être écrivain. »

Romancier, aux alentours de 1840, ce serait difficilement pensable. Mais journaliste, oui, auteur d'articles dans *Le Canadien,* fondant quelques feuilles très éphémères ; poète — le premier poète de quelque importance au Canada français, selon le critique averti qu'est Robert Melançon ; enfin, historien. Ce sont là les genres qui se présentent spontanément à l'esprit lorsque, à cette époque, on entreprend de s'illustrer par l'écriture. Le poème se fait historique par la force des choses, parce que le présent n'offre guère de possibilités de sublimation, de transposition ; et quant au genre historique lui-même, il occupe de façon plus ou moins crédible la plus grande partie de l'horizon : « les intellectuels, écrit Andrée Fortin, ne cessent d'écrire et de réécrire l'histoire du Canada, dans les éditoriaux mais aussi dans les revues en général, s'il faut en croire les déclarations d'intention des fondateurs ».

Mais le passage du poème, fût-il historique, à l'histoire va-t-il de soi ? Reprenons, avec Fernand Dumont : « Il veut avant tout être écrivain. Il commet de nombreux poèmes. À deux reprises, il lance des publications éphémères. Entre ce désir d'écrire et sa sensibilité aux affaires publiques, comment en est-il arrivé à la vocation d'écrivain dont il ne dérogera plus ? Sans doute parce que le métier d'historien a été pour lui un engagement politique. » Nous voici ramenés à la scène initiale, à l'anecdote de Casgrain, à l'explication par le patriotisme ; et il est évident que cette explication comporte une part substantielle de vérité. Mais enfin, il y a là le verbe « écrire », et il est difficile de croire que ses enjeux soient entièrement réductibles à la cause nationale, particulièrement dans sa version romantique. Le Garneau que nous pouvons encore lire aujourd'hui est le Garneau prosateur, pratiquant d'ailleurs une prose étrangement abstraite, préférant l'explication au spectacle, qui prend les choses de très haut. Je ne m'interdis pas de penser qu'il est devenu historien, non pas seulement *après* la poésie — « le jour où l'historien prit la plume, note Thomas Charland, le poète se tut complètement » —, mais *contre* la poésie, comme Jules Michelet s'est fait historien contre le roman. Garneau ne s'est pas expliqué là-dessus, comme Michelet l'a fait abondamment. À vrai dire, il ne s'est expliqué sur rien. Comme sujet écrivain, Garneau s'efface, se rature lui-même, aussi complètement qu'il le peut. Mais nous savons, depuis Roland Barthes au moins, qu'une telle rature renvoie à une illusion, l'« illusion référentielle », qui masque toutes sortes de compromissions personnelles.

Comment, pourquoi devient-on historien, écrivain d'histoire, dans le Canada de la première moitié du XIXe siècle ? L'explication par le patriotisme, l'intérêt passionné pour les affaires publiques, ne suffit pas. La concurrence, l'émulation ? « Toute recherche historiographique, écrit Michel de Certeau, s'articule sur un lieu de production socio-économique, politique et culturel. Elle implique un milieu d'élaboration socio-économique, politique et culturel. Elle implique un milieu d'élaboration que circonscrivent des déterminations propres : une profession libérale, un poste d'observation ou d'enseignement, une catégorie de lettrés, etc. » Des historiens, on n'en voit guère autour de Garneau ; des collectionneurs de vieux papiers, tout au plus. Quant à la « profession libérale », on sait que Garneau l'exerça très peu et n'en put tirer aucun profit pour l'entreprise qu'il méditait. Le « lieu de production », le « milieu d'élaboration » sont donc d'une très grande pauvreté, à la limite de l'inexistence. Mais les voyages, les contacts avec l'étranger ? Quelle forte, quelle détermination poussa le jeune homme, pourvu de maigres économies, à s'embarquer pour l'Europe en 1831, sans but très précis ? Mais on ne voit pas qu'au cours de son séjour en Angleterre — où il eut tout de même l'avantage de travailler, à titre de secrétaire, auprès de Benjamin Viger — ou en France, il se soit précipité chez les historiens pour apprendre d'eux ce que c'était vraiment que d'écrire l'histoire, ou qu'il ait humé la poussière des archives. A-t-il même assisté à un cours de Michelet, comme on l'a dit ? Ce n'est pas sûr. Il visite des monuments, des quartiers de Paris ; et il va au théâtre, il va souvent au théâtre. Les grands hommes et les grands comédiens — les grandes comédiennes aussi — l'impressionnent fort.

François-Xavier Garneau est donc un écrivain de lectures, nourri presque exclusivement de lectures, accouché par les lectures, greffé sur une institution européenne avec laquelle il n'a que des rapports de papier. On n'est pas historien, on n'est pas écrivain si l'on n'a pas beaucoup lu, mais il s'agit ici d'une détermination plus fondamentale. Les commentateurs ont beaucoup écrit sur les lectures de Garneau : Voltaire, l'abbé Raynal, Volney, Sismondi, Montesquieu, Thierry, Guizot, Thiers, Gibbon, et la liste n'est sans doute pas complète. Mais ce qui devrait intéresser dans cette liste, c'est moins chaque auteur en particulier et ce qu'en a tiré Garneau, que l'ensemble, la constellation, la masse, l'abondance. Cette liste raconte la naissance de l'*Histoire* de Garneau, les perspectives dans les-quelles elle s'est écrite, avec autant et plus de pertinence que la fameuse Première Scène. Une seule fois, au début de son *Voyage en Angleterre et en France* — qui est, ne l'oublions pas, son dernier ouvrage, et l'on sait que dans les dernières œuvres les choses sont souvent *arrangées* —, Garneau a voulu donner une origine en quelque sorte naturelle à son désir d'histoire, en évoquant à la manière de Michelet un grand-père qui avait vécu les événements décisifs (la Révolution française pour Michelet, la Conquête anglaise pour Garneau) :

Les vieillards aimaient à raconter les exploits de leurs pères et les épisodes des guerres de la conquête. Mon vieil aïeul, courbé par l'âge, assis sur la galerie de sa longue maison blanche perchée au sommet de la butte qui domine la vieille église de Saint-Augustin, nous montrait de sa main tremblante le théâtre du combat dont il avait été le témoin dans son enfance. Il aimait à raconter comment plusieurs de ses oncles avaient péri dans les luttes héroïques de cette époque, et à nous rappeler le nom des lieux où s'étaient livrés une partie des glorieux combats restés dans ses souvenirs.

Peut-être, en effet, le goût bien connu de Garneau pour la description des batailles vient-il de ces récits entendus dans son enfance, mais la véritable histoire, celle des causes et des effets, la grande armature, le désir même d'histoire viennent d'ailleurs, des livres, des modèles discursifs et narratifs. Et c'est parce qu'il est l'homme du livre, au sens fort et quasi exclusif du mot, qu'il va pouvoir faire d'entrée de jeu le saut périlleux dans l'universel. Il est en compagnie de Gibbon, de Michelet, de Raynal lorsqu'il ouvre les vannes de son « Discours préliminaire », où il parle comme un grand de l'histoire « devenue, depuis un demi-siècle, une science analytique rigoureuse », lorsqu'il se reporte aux premières images plus ou moins mythiques de l'Amérique avant d'en raconter la découverte par Colomb, lorsqu'il évoque les barbares de l'Antiquité en parlant des sauvages du Canada. Ses amis Parent et Crémazie, pour ne citer qu'eux, ont également d'abondantes lectures, mais Garneau est le seul à pouvoir, sur cette base, édifier et soutenir un long discours, et qui paraisse lui appartenir en propre. Lisez :

Chez les Grecs et les Romains, qui divinisaient tout ce qui porte un caractère de grandeur et de majesté, Colomb eût été placé, à côté des fondateurs de leurs cités au rang des dieux.

Le hasard, auquel on doit tant de découvertes, n'a été pour rien...

Et continuez. Laissez-vous porter par ce discours légèrement archaïque, un discours qui a du souffle, de la hauteur de
vues, et qui inscrit l'histoire de nos arpents de neige dans la
générosité de l'universel. Ce qui vous portera, ce ne sera pas,
insistons sur ce point, quelque forme de « poésie » mais la
prose la plus sévère qui, note Serge Gagnon, s'attache à « un
type d'argumentation que l'on chercherait en vain chez ses
successeurs [...] l'explication économique ». Les commentateurs, surtout ceux de la seconde partie du XIXe siècle, préfére-
ront parler de passion patriotique, de puissance d'évocation.
C'est ainsi, au prix de telles déformations, qu'une œuvre
devient *nationale*.

*   *   *

Mais encore, l'écriture, le style ? Nous parlons bien d'un
écrivain, n'est-ce pas, le premier, celui qui a créé en quelque
sorte la littérature canadienne, canadienne-française, québécoise ? L'*Histoire du Canada* ne s'attirera pas que des éloges,
loin de là. Oublions les adversaires de mauvaise foi, comme
Maximilien Bibaud. Même l'ami Pierre-Joseph-Olivier Chauveau parlera de ses « incorrections de style ». Monseigneur
Camille Roy lui reprochera sa « phrase [...] souvent déclama-
toire ». Un peu plus tard, Maurice Hébert affirmera : « Le style
de Garneau n'est pas toujours parfait », et Gustave Lanctot
parlera, pour définir l'écriture de Garneau, d'« un flot qui
charrie des images impropres et de nombreux clichés ». La
France, par la voix de Charles ab der Halden, se fera gron-
deuse : « il fallait [à Garneau] aussi et surtout compléter ses
études générales, voir diverses espèces de gens, apprendre la
politique, la stratégie, la diplomatie, et *même le français* (je
souligne) ».

Mais ce ne sont là, précise Lanctot, que les défauts de la
première édition, heureusement corrigés dans les subséquentes. Or, les corrections ne touchèrent pas que la langue,
comme on sait ; sans attenter profondément à la substance de

l'ouvrage, Garneau consentit à atténuer quelques affirmations qui sentaient un peu trop le libéralisme et l'anticléricalisme. On ne peut s'empêcher de penser qu'entre ces deux ordres de défauts, le littéraire et l'idéologique, entre le mal écrire et le mal penser, la contamination était réciproque. Ô scandale, le premier écrivain du Canada, autodidacte, n'avait pas fait ses études classiques! On le lui avait offert, à la condition qu'il eût l'intention de devenir prêtre; il refusa. Près d'un siècle plus tard, même son de cloche : « Il est certain, dit Thomas Charland, que la formation philosophique de Garneau, sinon sa formation littéraire, eût gagné à se faire dans un collège classique. » Et le chanoine Robitaille, de la Société royale du Canada : « Le grand malheur de François-Xavier Garneau a été [...] de n'avoir pas eu de formation classique chrétienne. Sans préparation suffisante, il a abordé des auteurs dangereux et quelquefois pervers. » Quand on lit la plupart des contemporains de Garneau, on se dit que cette privation fut peut-être pour lui la plus grande des chances, et que ce n'est pas payer trop cher de quelques négligences d'écriture, une prose traversée par l'intelligence.

Les réserves sur le style de Garneau sont donc nombreuses, et se répètent *ad nauseam* d'un critique à l'autre, dessinant l'image d'un père de la littérature canadienne assez mal en point. Où est donc le grand écrivain? Ce qui est tout à fait remarquable, c'est que les réserves fondent comme neige au soleil dès que la considération patriotique fait son apparition. Il serait possible de citer presque tout le monde à ce propos. Casgrain suffira : « Ce sentiment [le patriotisme], qui s'exaltait à mesure qu'il écrivait, a empreint son style d'une beauté mâle, d'une ardeur de conviction, d'une chaleur et d'une vivacité d'expression qui entraînent et passionnent — surtout le lecteur canadien. » La rédemption de l'écriture par le patriotisme est ici le fait du lecteur — « surtout le lecteur canadien » — plutôt que celui de l'écrivain, et nous nous trouvons devant une contradiction manifeste entre l'écrivain rêvé, celui qu'on imagine à partir de ses propres attentes, et l'écrivain réel qui, il suffit de lire une page pour s'en rendre compte, écrit le plus sobrement qu'il peut. On sait le goût qu'avait Garneau pour les batailles, les affaires de la guerre. Or voici comment il décrit le système de la milice, en Nouvelle-France, au terme d'une description comparée des colons français et anglais :

> Tels étaient nos ancêtres. Comme l'émigration, après quelques efforts, cessa presque tout à fait, et qu'il n'est venu guère plus de cinq mille colons en Canada, pendant toute la durée de la domination française, ce système [de la milice] était peut-être le meilleur dans les circonstances, pour lutter contre la force toujours croissante des colonies anglaises. Durant près d'un siècle, la puissance de celles-ci vint se briser contre cette milice aguerrie, qui ne succomba que sous le nombre, en 1760, après une lutte acharnée de six années, où elle s'illustra par de nombreuses et éclatantes victoires. Encore aujourd'hui c'est à nous que le Canada doit de ne pas faire partie des États-Unis.

C'est là une prose qui, même lorsqu'elle évoque les aspects les plus gratifiants de la collectivité canadienne et rive leur clou aux clercs de l'étude Campbell, se garde bien d'emboucher la trompette. Elle s'enfle rarement, même dans les circonstances dramatiques, comme le massacre de Lachine ou la bataille de Sainte-Foy, jamais elle ne perd la tête, jamais elle ne permet à la passion de dépasser le cadre étroit que lui assigne la justesse profondément voulue de la description. En fait, l'hommage rendu par l'abbé Casgrain au style patriotique de Garneau s'adresserait plutôt, prophétiquement (!), au deuxième historien national, le chanoine Lionel Groulx. Parlant, lui aussi, de la population de la Nouvelle-France, le chanoine prend feu :

> La meilleure preuve que la tâche démesurée n'entraîna nulle usure, je la trouverais dans la race d'hommes qu'on vit bientôt paraître en Nouvelle-France. Sur ce point les témoi-

gnages sont si nombreux, si concordants, que la modestie canadienne n'a qu'à s'incliner. Éloquent exemple de ce que la terre et l'homme peuvent échanger entre eux d'information mutuelle. Dès la deuxième génération l'école austère et stimulante du pays a tonifié et même transformé le type français de ce côté-ci de la mer. Physiquement, chacun le dit grandi, admirablement musclé et charpenté.

Comme il y va, le flamboyant chanoine ! Comme il est sûr de lui, de son peuple, de la Providence ! Auprès de lui, François-Xavier Garneau fait figure de pauvre, sinon pauvre figure. Pauvre de science, pauvre en espérance (le monument qu'il veut élever à son peuple ne sera peut-être qu'un « mausolée », écrit-il à son ami Émile Girardin), pauvre de langue. Sa documentation est peu abondante, et peu originale. Le métier d'historien, il n'a pu l'apprendre que par l'imitation. Et le milieu même pour lequel il écrit, son lectorat, ne risque-t-il pas même de l'enchaîner à une certaine médiocrité ? Dans son *Voyage en Angleterre et en France*, il aura une remarque étrange sur le peintre Antoine Plamondon qui, dit-il, était « un peintre trop parfait pour le Canada ». Il explique : « Trop ami de la perfection, il donnait à ses œuvres un fini qui n'était pas apprécié et qui demandait trop de temps pour le prix qu'on lui en offrait. » Il ne s'agit pas ici que d'argent. Garneau semble faire partager à Plamondon l'inadéquation qu'il ressent lui-même entre ses propres ambitions et le milieu canadien. Il connaît la pauvreté culturelle de ceux pour lesquels il écrit. « Nous ne parlons pas de littérature, écrit-il dans le *Voyage*, parce qu'à proprement parler il n'y en a pas encore sur les rives du Saint-Laurent, où la ruine et l'oubli ne tardent pas d'accueillir ceux qui osent s'y livrer. »

Peut-on croire que cette pauvreté, inscrite dans toutes les données de sa situation, Garneau en a fait, pour ainsi dire, un style ? Il a, certes, de grandes ambitions : le portail de son ouvrage en témoigne, vaste, d'architecture sévère. Ce texte pourrait être ridicule, tant il convoque autour du berceau de la

Nouvelle-France des circonstances prestigieuses où se joue le sort du monde entier, mais il y échappe par la sobriété de son écriture. Pas plus dans l'« Introduction » ou le « Discours préliminaire » que lorsque, plus tard, il racontera des batailles sanglantes ou fera le portrait de quelque éminent personnage, Garneau ne sollicitera fortement, indûment la participation émotionnelle de son lecteur. Si on le cherche lui-même dans son texte, il nous semble d'abord qu'il ne s'y trouve pas, tant ces phrases généralement courtes, peu ornées d'adjectifs, ressemblent à de purs constats. Mais cette discrétion même est un signe. Celui qui écrit l'*Histoire du Canada* sait que son entreprise ne pourra être sauvée que par la netteté, la transparence du propos et de l'expression. On comprendra qu'il ne triche pas lorsqu'il énonce quelque profession de foi libérale, telle critique de l'absolutisme royal, telle condamnation de l'autocratisme de Monseigneur de Laval.

Gustave Lanctot souligne qu'à Paris, Garneau préférait la néo-classique église de la Madeleine, image d'ordre, d'équilibre, à Notre-Dame. On ne s'étonne pas d'une telle préférence lorsqu'on a lu l'*Histoire du Canada*. On ne s'étonne pas non plus qu'au théâtre — « Pendant mon court séjour à Paris, écrit Garneau, je passais ordinairement les soirées au spectacle » —, le futur écrivain ait accordé ses préférences, parmi les comédiennes, à Mademoiselle Mars : « L'expression de son jeu était parfaite. Elle ne se débattait pas comme font les actrices. Elle était très sobre dans ses mouvements. »

*   *   *

Dans le « Discours préliminaire », le nom de Jules Michelet apparaît à deux reprises. Et ces mentions n'épuisent pas, loin de là, la dette idéologique de Garneau à l'égard du grand historien français. L'allusion aux « épaisses ténèbres du moyen âge », le recours au « dogme de la liberté », aux idées de Vico, à ce « livre fameux et sublime, la Bible » (dont à cette époque la lecture n'était pas conseillée aux catholiques romains), le passage sur les origines de Rome, tout cela, c'est du Michelet recyclé. Et le peuple, oui, le peuple :

> Depuis ce moment, la grande figure du peuple apparaît dans l'histoire moderne. Jusque-là, il semble un fond noir sur lequel se dessinent les ombres gigantesques et barbares de ses maîtres, qui le couvrent presque en entier. […] Nous voyons maintenant penser et agir les peuples ; nous voyons leurs besoins et leurs souffrances ; leurs désirs et leurs joies […].

On n'insistera pas sur le scandale que pouvaient provoquer, que provoquèrent en fait ces idées très libérales. L'étonnant, c'est qu'il n'ait pas été plus grand et que les censeurs, les ecclésiastiques notamment, ne se soient pas déchaînés. Revenons à ce « peuple » dont Garneau, suivant Michelet, célèbre le rôle moteur dans l'histoire, et dont par ailleurs l'existence concrète est si peu présente dans *L'Histoire du Canada*. Ce hiatus trahit encore une fois, chez Garneau, l'historien de lectures, qui n'arrive pas toujours à faire la jonction entre les grandes idées qu'il importe de France et une pratique historienne qui subit des pressions locales fort différentes.

Un autre hiatus permet d'apercevoir plus clairement encore la distance que l'historien canadien est forcé de prendre par rapport à l'un de ses grands inspirateurs. On connaît la richesse de l'expression « voie royale » chez Michelet, expression qui transporte dans le peuple la vertu, traditionnellement attribuée aux puissants, aux rois, de gouverner l'histoire. Or, une expression semblable se trouve dans la préface de la troisième édition de l'*Histoire du Canada* (1859), l'adjectif « honorable » supplantant « royale ». Garneau fait état, dans ce texte, des sentiments hostiles que pourrait susciter, dans les milieux gouvernementaux, son opposition déclarée à l'union des deux Canadas :

> Nous savons qu'en heurtant de front les décrets d'une métropole toute-puissante, nous allons nous faire regarder

par elle comme le propagateur de doctrines funestes et par les Canadiens ralliés au gouvernement qu'elle nous impose, comme le disciple aveugle d'une nationalité qui doit périr. Néanmoins, malgré cette répudiation, nous sommes consolé par la conviction que nous suivons une *voie honorable* (je souligne), et nous sommes sûr que, quoique nous ne jouissions pas de tout l'éclat de la puissance et de la fortune, le conquérant ne peut s'empêcher de respecter le motif qui nous anime.

Cette « voie honorable » est celle que suit Garneau en politique, et il n'est pas illégitime de penser que l'expression s'applique également à la façon dont il conçoit son *Histoire*. Au sens premier, « honorable » désigne ce qui relève de l'honneur, de la droiture, de l'honnêteté. Garneau affirme qu'il est « honorable » de défendre son petit peuple contre les tentatives d'assimilation de la puissance coloniale. Mais la présence, à l'arrière-plan, de l'expression de Michelet donne à l'« honorable » un supplément de sens. Par rapport au « royale » qui connote la noblesse, la gloire, le brillant, l'adjectif de Garneau se déclare en retrait, invoque une nécessité qui sera développée dans la « Conclusion » de l'*Histoire du Canada* (1852). Si le peuple canadien a pu survivre jusqu'à ce moment, dit Garneau, c'est grâce à un conservatisme décidé : « Ils n'étaient pas assez nombreux pour prétendre ouvrir une voie nouvelle aux sociétés, ou se mettre à la tête d'un mouvement quelconque à travers le monde. Ils se sont resserrés en eux-mêmes, ils ont rallié tous leurs enfants autour d'eux, et ont toujours craint de perdre un usage, une pensée, un préjugé de leurs pères, malgré les sarcasmes de leurs voisins. » Et conservateur, peu ambitieux, le peuple canadien doit le demeurer pour survivre encore : « Que les Canadiens soient fidèles à eux-mêmes, qu'ils soient sages et persévérants, qu'ils ne se laissent pas séduire par le brillant des nouveautés sociales ou politiques ! »

Est-ce bien le même homme qui écrit le « Discours préliminaire » et la « Conclusion » de l'*Histoire du Canada* ? Qui,

après avoir hardiment évoqué les valeurs issues de la Révolution française, insiste maintenant sur la ressemblance qui
existe, qui doit exister entre le peuple canadien et la Vendée
antirévolutionnaire? Faut-il penser que le libéral, retour
d'Europe, s'est assagi sous l'effet des reproches qu'il a subis, ou
encore des circonstances pénibles dans lesquelles se trouve
maintenant son peuple? François-Xavier Garneau est-il
devenu conservateur? Notons d'abord que le mot n'a pas le
même sens, selon qu'on l'applique à Garneau ou à son ami
l'abbé Casgrain. Il y a un conservatisme hystérique, le plus
répandu certes parmi les élites du XIXe siècle, qui revêt le présent, si pauvre soit-il, des couleurs criardes de l'utopie, qui
transforme le manque en gloire, qui joue de l'équivoque entre
la privation matérielle et les valeurs spirituelles, et fait lire
l'*Histoire du Canada* comme un poème patriotique. Le
conservatisme de Garneau est d'une autre sorte. Il a la rudesse,
la sobriété d'un constat, et n'est pas sans rappeler, par exemple,
l'analyse faite par Octave Crémazie des conditions de la littérature canadienne, analyse qui mêle, elle aussi, à des idées
modernes une vision quasi pastorale des choses. On sait l'admiration qu'avait Crémazie pour Garneau. On se souvient
également qu'à plus d'une reprise les noms de Crémazie et de
Garneau ont été associés dans le même hommage. L'abbé Casgrain rapporte que le poète Louis Fréchette, alors étudiant au
Collège de Sainte-Anne-de-la-Pocatière, lisait à ses condis-
ciples, « d'une voix vibrante, des passages détachés d'un livre
qu'il déposait de temps en temps pour saisir un journal où il
faisait admirer quelques strophes de vers fraîchement publiés
[…]. Quel était ce livre? Quels étaient ces vers? Ce livre, c'était
l'*Histoire du Canada* de Garneau. Ces vers, c'étaient ceux de
Crémazie […].» L'effet de lecture dont nous parlions plus
haut s'applique simultanément, ici, aux deux écrivains; et,
pour Crémazie, Fréchette avait quelques raisons de s'y trom-
per, puisque les lettres d'Europe où le poète désavouait sa poésie antérieure — d'inspiration patriotique — n'avaient pas
encore été écrites.

Réunissons-les sous le signe de la prose, c'est-à-dire d'une rigueur qui tient à distance les prestiges de la trop complaisante poésie, des *voies royales* trop facilement convoquées. L'un et l'autre écrivain ont rêvé de grandeur, pour eux-mêmes et pour leur pays. Ils savaient en quelle estime on tenait en France là-bas les grands écrivains, et il est possible qu'ils en aient quelque peu perdu la tête à certain moment de leur vie, Garneau moins que Crémazie, mesurant mal la distance qui séparait la vieille France de la jeune colonie cédée aux Anglais. Ils ont écrit, comme tout un chacun, des poèmes d'inspiration poétique. Mais quand ils arrivent à l'écriture, à la véritable écriture, c'est un paysage plus rude qu'ils contemplent, et qui impose des limites sévères à l'espérance. À la conclusion de Garneau, déjà citée :

> Que les Canadiens soient fidèles à eux-mêmes ; qu'ils soient sages et persévérants, qu'ils ne se laissent pas séduire par le brillant…

répond le conseil donné, depuis son exil parisien, par Crémazie à l'écrivain canadien :

> Renonçant sans regret aux beaux rêves d'une gloire retentissante, il doit se regarder comme amplement récompensé de ses travaux s'il peut instruire et charmer ses compatriotes, s'il peut contribuer à la conservation, sur la jeune terre d'Amérique, de la vieille nationalité française.

Ainsi, chez Crémazie comme chez Garneau, la « voie honorable » passe par l'aveu et presque la revendication — nous y revenons — d'une certaine forme de pauvreté. Mais quelle sorte de politique est-ce là ? Une politique de repli, essentiellement défensive et protectrice, suscitée chez Crémazie par ses malheurs personnels, chez Garneau par la situation précaire de sa nation ? Oui, sans doute, pour une part. Mais il faut lire la « Conclusion » de Garneau en rapport avec le « Discours préliminaire », la lire comme une *demande d'exception,* compte tenu de la situation particulière du Canada français : il n'est pas assez nombreux, il n'est pas assez fort pour s'engager sans réserve dans les combats flamboyants de l'époque ; formé principalement de « cultivateurs » vivant dans un « climat rude et sévère », il doit cultiver les qualités d'austérité, d'économie plutôt que le brillant de l'invention, ne changer « que graduellement » ses traditions. Comment ne pas sentir dans ce texte une étrange violence, celle que le principe de réalité impose au désir ? Garneau passe la mesure, sa propre mesure, lorsqu'il ironise lourdement — douloureusement ? — sur « les droits de l'homme et les autres thèses qui amusent le peuple des grandes villes ». L'excès trahit la souffrance d'une conversion forcée. Oui, c'est bien le même homme qui écrit le « Discours préliminaire » et la « Conclusion ». Celle-ci est encore pleine des idées progressistes qu'elle est forcée d'écarter.

Quant aux qualités qu'il reconnaît à son peuple, qu'il exige de lui, la « gravité », le « caractère », la « persévérance », Garneau les a déjà manifestées lui-même dans l'écriture de son *Histoire du Canada.* En parlant de la « voie honorable », Garneau se souvient de Michelet, des admirables emportements de Michelet. Mais le remplacement de l'adjectif « royale » par « honorable » obéit à une nécessité à la fois historique et rhétorique.

*   *   *

François-Xavier Garneau, écrivait en 1945 le jeune historien Guy Frégault, nous a donné « l'une des deux ou trois œuvres classiques de notre littérature ». Il ne dit pas quelle est l'autre ou quelles sont les deux autres, et on le comprend car la distribution des prix serait périlleuse. Nelligan ? Mais on ne traite pas Nelligan de classique, ce serait presque l'injurier. Et qui d'autre, grands dieux ?… Chez François-Xavier Garneau, la chose semble aller de soi, et la plupart des critiques entérineraient sans difficulté la déclaration de Guy Frégault.

« L'*Histoire du Canada* de Garneau, poursuit-il, était faite pour durer. » C'est par là qu'elle se révélait classique, par l'aptitude qui lui était reconnue de résister aux fluctuations du goût. Mais qu'est-ce donc, dans sa structure, son écriture, qui lui donnait cette garantie de durée ? Garneau, dit Frégault, est « l'écrivain qui a donné les pages les plus sobres et les plus denses peut-être de notre littérature ». Denses, peut-être ; sobres assurément : voilà le mot-clé du classique. D'autres adjectifs vont en déployer le sens : « Un style un peu distingué, une langue élégante et correcte, une phrase claire, solide et dépouillée des fleurs de papier [...]. » Le distingué et l'élégant (par opposition au tout-venant de l'expression courante), le correct, le clair et le solide préparent tout naturellement au « dépouillé » qui appartient au registre du sobre. Frégault parlera comme d'autres de l'« intensité poétique d'un grand nombre de pages », mais ces pages appartiennent au Garneau qui raconte et qui n'est pas, aux yeux du jeune historien, le Garneau essentiel. Celui-ci avant tout « raisonne, compare, définit » : toutes actions qui se font nécessairement à l'écart de l'emportement. Et voici revenir la sobriété. Frégault avoue sa préférence, dans l'œuvre de Garneau, pour

> les pages sobres, limpides, concises, dans lesquelles l'écrivain tire ses conclusions, porte ses jugements, pèse et évalue les faits. Garneau était essentiellement logicien, d'une logique passionnée, sans doute, mais également vigoureuse et non dépourvue de rigueur. Ses jugements sont nets, habituellement bien motivés et toujours bien exprimés.

La définition du classique par la sobriété, la clarté, la raison, que fournit plus ou moins explicitement Guy Frégault, nous renvoie à la notion, courante au XIXe siècle et encore gravée dans nos esprits, du classicisme français. « On y fait entrer surtout, dit Sainte-Beuve, des conditions de régularité, de sagesse, de modération et de raison, qui dominent et contiennent toutes les autres. » Ce sont là les qualités qui, selon Frégault comme selon Sainte-Beuve, font durer une œuvre. Charles Du Bos ne parlait-il pas de la « monotonie » des grands écrivains ?

Guy Frégault, dans ce même article de jeunesse, parle de « l'enthousiasme suscité par l'œuvre de l'historien ». En fait, les signes d'un tel enthousiasme paraissent aujourd'hui de plus en plus difficiles à trouver. On oserait dire, au contraire, que l'*Histoire* de Garneau, précisément par ce qui lui valut d'être appelée classique, sa sobriété, son désir de clarté, d'impartialité, son élégance d'expression, son absence de couleur locale, ne visait aucunement à provoquer un tel enthousiasme. Casgrain a parlé de « la manière large » de l'historien, entendant par là, fort justement, le souci qu'il avait d'aller chercher les causes au plus loin, de construire des ensembles plutôt que de se plaire dans le détail. L'expression peut s'appliquer également à la substance textuelle de l'œuvre. Garneau veut — et il ne faut pas cesser de s'en étonner, compte tenu du milieu qui était le sien — *faire œuvre,* et plus, bâtir un véritable monument littéraire. Cette passion du monumental est presque toujours présente chez lui. Voyons-la s'exprimer, de façon un peu ridicule d'ailleurs, dans sa description de Notre-Dame :

> Notre-Dame a 390 pieds de longueur, 144 de largeur et 102 de hauteur jusqu'à la voûte. Le portail est percé de trois grandes portes ogivales. Les deux tours qui s'élèvent au-dessus du portail ont 204 pieds de hauteur à partir du sol.

On décrirait de la même façon l'*Histoire du Canada* et l'on n'aurait pas tout à fait tort parce que, de toute évidence, Garneau s'y donne le projet de faire vaste, grand, équilibré, imposant. Il ne le fera pas, certes, à la manière des grands historiens romantiques français. Autant ceux-ci se projettent dans leur œuvre, bousculent les événements pour les forcer à signifier, autant le Canadien veut s'absenter de son propre texte, en faire un monument non pas certes à lui-même, non pas même peut-être d'abord à son peuple — allons jusque-là —, mais aux valeurs de vérité et de justice. Il n'abusait pas du langage lorsqu'il écrivait à Lord Elgin qu'il s'était imposé « l'obligation rigoureuse d'être juste ». Garneau avait cette grande, cette belle naïveté-là.

Tout cela est aussi loin de notre nationalisme historique, représenté par tant d'historiens idéologues et culminant dans les travaux de Lionel Groulx, que de notre historiographie récente, hantée par le refus du discours, voire le refus de l'œuvre. Classique, l'œuvre de Garneau l'est d'abord — et c'est sans doute le premier sens que donne Frégault à l'adjectif — comme œuvre de référence, incontournable ; encore que, me semble-t-il, on ne s'y réfère pas très souvent. Mais, dès sa parution, elle a été tout à fait autre chose qu'un signe de ralliement. Il faut lire, pour s'en convaincre, le premier ouvrage d'importance sur Garneau, paru en 1883, écrit par celui-là même qui prononcera l'oraison funèbre de l'historien, trois ans plus tard. Les hommages n'y manquent pas ; mais aussi bien le biographe morigène fréquemment son auteur, lui reprochant ses idées libérales, le peu de cas qu'il fait des origines religieuses du Canada et de son épopée mystique, sa trop grande « impartialité », et… quelques fautes de français ! Il le fait aimablement, sans doute ; c'est un ami. Mais, pour réinsérer Garneau dans les paramètres de la bonne conscience nationale, Chauveau est amené à faire, sur sa pensée et sa pratique historienne, des opérations de rectification assez cavalières.

Que lirons-nous donc chez François-Xavier Garneau, aujourd'hui, nous qui ne sommes pas des historiens, des lecteurs spécialisés ? Il est évidemment impossible d'imaginer un Garneau moderne, encore actuel. L'auteur de l'*Histoire du Canada* est irrémédiablement engoncé dans un XIXe siècle vêtu de gris, à la laïque — ce qui, en soi, ne manque pas d'intérêt —, et on le lira avec la distance qui s'impose par exemple devant un tableau comme *Le Dernier des Hurons* de Plamondon, dont Garneau s'est inspiré pour écrire son poème. Mais cette distance, justement, n'est-elle pas ce que nous offre de plus utile l'œuvre de Garneau, la possibilité d'une lecture autre de nous-mêmes et de notre histoire, une histoire plus calme et plus large à la fois, établissant des rapports de sens entre la nôtre et l'histoire générale du monde, les formes toujours nouvelles de l'aventure humaine ? Ce n'est pas un grand écrivain, ce n'est pas un grand penseur que nous lirons, un classique au sens fort du mot, mais un honnête homme qui ne cesse de rêver (discrètement) de grandeur, alors même qu'il raconte quelques amères défaites et le rétrécissement, pour le Canada français, de l'horizon historique.

* * *

Le meilleur portrait écrit que nous ayons de François-Xavier Garneau se trouve dans l'ouvrage de Chauveau. Il s'ouvre sur la mention d'un « désappointement » possible, d'une inadéquation entre l'apparence et la réalité, l'homme et l'œuvre :

> Ceux qui ne le connaissaient que par ses ouvrages, devaient éprouver quelque désappointement en le voyant pour la première fois. Une certaine hésitation nerveuse, un certain embarras qui n'était pourtant point de la gaucherie et qui n'excluait point une irréprochable urbanité, faisaient que l'on se demandait si c'était bien là l'intrépide défenseur de la nationalité franco-canadienne.

Ce n'est pas là le Garneau qui, quelques décennies plus tôt, aurait répondu avec tant de fougue aux insultes des clercs anglais de l'étude Campbell. Le premier, le jeune homme, était à la hauteur de l'œuvre ; le second, au premier regard tout au moins, mais le premier regard détient toujours une part de vérité, ne semble pas l'être. Tout se passe comme si son œuvre et lui-même avaient suivi des chemins inverses : à mesure que la première s'enflait de gloire — mais une gloire peut-être surfaite par les commentateurs —, l'historien se réfugiait dans la grisaille de l'existence quotidienne, et presque l'anonymat.

Il sort parfois, l'auteur de l'*Histoire du Canada,* il s'arrache à ses travaux, son corps participe à la petite vie mondaine de Québec. Je dis : son corps, parce que de toute évidence il n'est pas là tout entier, dans cette image de bon bourgeois qui se distrait, l'essentiel est resté à la maison.

> Quoiqu'il fût, d'habitude, plutôt sérieux qu'enjoué, il savait rire avec ses amis d'un bon petit rire plein de bonhomie et de franchise. S'il n'aimait pas les réunions du grand monde, les soirées à prétentions et les dîners fastueux, il se rendait volontiers aux réunions intimes, aux petites parties de cartes, aux réceptions improvisées si fréquentes et si agréables dans la bonne vieille ville de Québec. (Chauveau)

Il y avait donc du « grand monde », tant de « soirées à prétentions » et de « dîners fastueux », à cette époque, dans la bonne ville de Québec ? Supposons que Chauveau force un peu la note pour souligner, *a contrario,* la modestie foncière de l'historien, son désir de disparaître dans le personnage du citoyen moyen. Quand il ouvre la bouche, cependant, et le biographe laisse entendre que ce n'est pas fréquent, Garneau redevient, par contraste sinon par miracle, le grand homme, le grand écrivain qu'il est en réalité, derrière les apparences :

> Mais dès que, sous son front dénudé, son intelligente figure s'éclairait des reflets de sa pensée, dès qu'il s'animait à parler de quelque sujet favori, on reconnaissait l'homme supérieur, et, ce qui est mieux encore, l'homme convaincu qui s'est dévoué à la réalisation d'un noble projet. Dans ses portraits, sa physionomie pensive, empreinte d'une douce et modeste gravité, fait aussi la même impression.

Puis le vrai François-Xavier Garneau, qui vient de faire une apparition furtive chez des amis, retourne à sa *vraie vie,* à sa solitude, à ses livres, à ses auteurs préférés. « Nous connaissons, dit Chauveau, ceux de sa jeunesse ; dans ses dernières années, c'était surtout Tacite, qu'il lisait dans une excellente traduction, et Thierry, qu'il aimait tant à citer. » Augustin Thierry, cela va de soi : sa conception de l'histoire narrative, et surtout sa théorie des races convenaient sans doute à celui qui s'inquiétait de la survie de la race française en Amérique. Mais Tacite ? Il le lisait, Chauveau prend soin de le préciser, « dans une excellente traduction ». Garneau lisant Tacite, c'est peut-être Garneau faisant, refaisant sans cesse, avec une patience de bon écolier, le cours classique qui lui avait manqué, regrettant son ignorance du latin. C'est peut-être aussi, dans cette œuvre abondante en violences, en mensonges, en trahisons, en crimes de toutes sortes, la lecture d'une histoire en tous points contraire à la sienne, si étrangement innocente, où il y a des erreurs, des fautes mais rarement des crimes : Garneau lisant chez l'Ancien ce que lui-même, si pudique, n'aurait jamais osé écrire. Ce sont peut-être encore de beaux récits de batailles, une vision pessimiste de l'histoire qui, elle, ne lui était pas étrangère ; et surtout, le thème de la liberté. Cette phrase, par exemple :

Quant à Arminius, comme les Romains se retiraient et une fois Maroboduus expulsé, il voulut devenir roi, mais il trouva en face de lui l'esprit de liberté de ses compatriotes [...].

La liberté, François-Xavier Garneau savait un peu ce que cela veut dire.

1995

Note bibliographique

L'auteur s'est permis de faire des changements, mineurs ou (plus rarement) assez importants, dans les textes ici reproduits. Il a également supprimé les notes de bas de page. Les lecteurs exigeants pourront les retrouver dans les périodiques et ouvrages dont ils sont extraits.

En guise de préface : « La littérature est inutile », *Le Devoir*, 7 mai 2000 (augmenté).

I

En arrière, avec Réjean Ducharme : *Conjonctures,* n° 26, automne 1997, p. 23-30.

L'enfant trouvé (Sylvain Garneau) : inédit.

Le jeune homme et la mer (Yann Martel) : *Le Devoir,* 23 novembre 2002.

Une voix dans le désert (Jean-Marc Fréchette) : « Lire Jean-Marc Fréchette », *Le Devoir,* 20 avril 2002.

Frère Gaston (Gaston Miron) : *L'Inconvénient,* n° 28, février 2007, p. 125-130.

De la « maudernité » (Francine Noël) : « La vie fragile », préface de *Maryse*, BQ, 1994, p. 7-14.

II

Un chef-d'œuvre de Gabrielle Roy : *L'Inconvénient*, n° 23, novembre 2005, p. 89-94.

Les contes de l'homme seul (Yves Thériault) : « Le père d'Agaguk », *L'Actualité*, septembre 1992, p. 79-80.

Trois phrases de Pierre Vadeboncœur : inédit

Journal d'un « dénouement » (Fernand Ouellette) : préface de *Journal dénoué*, Typo essai, 1988, p. 7-15.

Jacques Brault en 1965 : *Précarités de Brault*, sous la direction de François Hébert et Nathalie Watteyne, Nota Bene, coll. « Convergences », 2008, p. 59-68.

Le déserteur (André Major) : inédit.

Miror est-il québécois ? (Roland Giguère) : préface de *La Main au feu*, Typo poésie, L'Hexagone, 1987, préface, p. 7-15.

III

Une épopée sans héros (Jacques Ferron) : « Lire Ferron ? », *L'Atelier du roman*, n° 25, « La Table ronde », mars 2001, p. 105-113.

Tel qu'en lui-même (Yvon Rivard) : « Tel qu'en lui-même », *Contre Jour*, n° 10, automne 2006, p. 159-163.

Quelque part dans l'inachevé (Émile Ollivier) : « Présence d'Émile Ollivier », *Le Devoir*, 15 décembre 2002.

Pèlerinage à Rawdon (Jean Basile) : *Le Devoir*, 11 mai 2002.

Une voix venue d'ailleurs (Claire de Lamirande) : *Le Roman québécois au féminin (1980-1995)*, sous la direction de Gabrielle Pascal, Tryptique, 1995, p. 133-138.

Jacques et ses frères (Jacques Godbout) : présentation de *Salut Galarneau!* et *Le Temps des Galarneau,* Fides, collection du Nénuphar, 2000, p. VII-XIV.

Sagesse et Morency : « Sagesse de Morency », *Le Devoir,* 26 novembre 2000.

IV

Les errances de Berthelot Brunet : préface de *Les Hypocrites,* Typo roman, 1989, p. 7-18.

Force de Saint-Denys Garneau : *Voix et Images,* n° 58, automne 1994, p. 41-49.

Jean Le Moyne, le magnifique : « Ce que je lui dois », dans *Jean Le Moyne, une parole véhémente,* textes réunis par Roger Rolland avec la collaboration de Gilles Marcotte, Fides, 1998, p. 93-97.

En votre aimable règlement… (Claude Hurtubise) : *Le Devoir,* 12 décembre 1999.

Ce qu'on appelle « génie » (Anne Hébert) : « Du génie », *Le Devoir,* 6 janvier 2001.

Étrangers, familiers (Frank Scott, Philip Stratford) : *Le Devoir,* 29 janvier 2000 (Stratford), 14 février 2002 (Scott).

V

Comment devenir « un ancien Canadien » (Philippe Aubert de Gaspé) : postface de *Les Anciens Canadiens* [1864], Boréal, coll. « Boréal compact », 2002, p. 11-22.

La voie honorable de François-Xavier Garneau : « La voie honorable », *Études françaises,* « François-Xavier Garneau et son histoire », vol. 30, n° 3, hiver 1994 [1995], p. 49-74.

Table des matières

Collection « Papiers collés »
dirigée par François Ricard

Imprimé sur du papier 100 % postconsommation,
traité sans chlore, certifié ÉcoLogo
et fabriqué dans une usine fonctionnant au biogaz.

MISE EN PAGES ET TYPOGRAPHIE :
LES ÉDITIONS DU BORÉAL

ACHEVÉ D'IMPRIMER EN SEPTEMBRE 2009
SUR LES PRESSES DE L'IMPRIMERIE GAUVIN
À GATINEAU (QUÉBEC).